First published in the United States under the title:
EVERYTHING YOU NEED TO ACE COMPUTER SCIENCE AND CODING IN ONE
BIG FAT NOTEBOOK:
The Complete Middle School Study Guide
Copyright © 2020 by Workman Publishing Co., Inc.

Writer: Grant Smith
Illustrator: Chris Pearce
Designer: Abby Dening
Concept by Raquel Jarmillo

All rights reserved.
This Korean edition was published by Woorischool in 2021 by arrangement with Workman
Publishing Co., Inc., New York through KCC(Korea Copyright Center Inc.), Seoul.

이 책은 (주)한국저작권센터(KCC)를 통한 저작권자와의 독점계약으로 (주)우리학교에서 출간되었습니다.
저작권법에 의해 한국 내에서 보호를 받는 저작물이므로 무단전재와 복제를 금합니다.

코딩천재의 비법노트

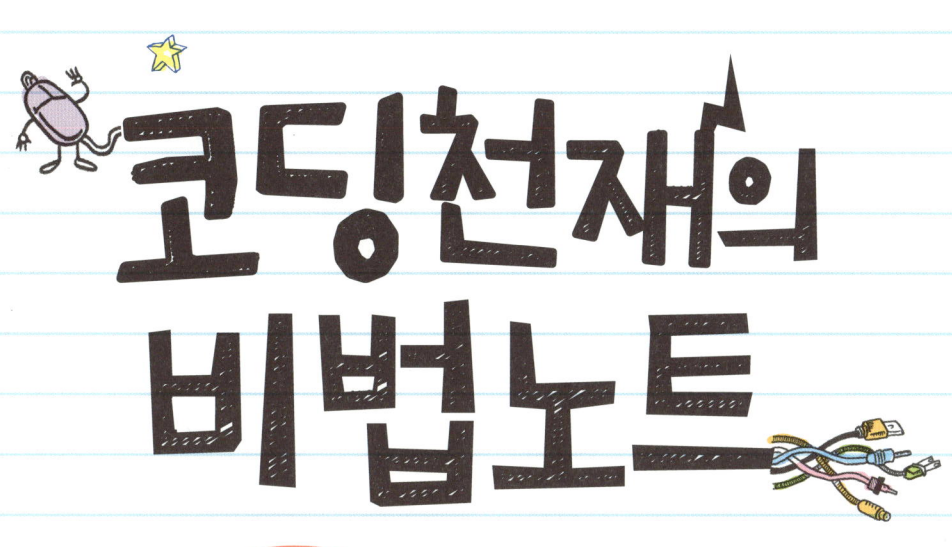

3단계
파이썬
HTML과 CSS

브레인 퀘스트 지음 | 배장열 옮김

우리학교

코딩과 친해지는 가장 완벽한 방법

안녕?

지금부터 너에게만 내 코딩 비법노트를 보여 줄게. 아참, 내가 누구냐고? 내 입으로 말하기는 좀 쑥스럽지만 사람들은 나를 천재라고 불러. 특히 코딩을 아주 잘해서 '코딩천재'라는 소리를 많이 듣지.

『코딩천재의 비법노트: 3단계: 파이썬·HTML과 CSS』에서는 파이썬을 이용한 프로그래밍, 그리고 인터넷의 역사와 웹 보안의 발전 과정에 대해 배울 거야. HTML과 CSS를 이용해 웹 페이지를 멋있게 꾸미는 방법도 익힐 거야. 모두 코딩천재가 되기 위해 필요한 것들이지. 컴퓨터과학을 이해하고 코딩의 기초를 쌓는 데도 정말 중요해.

비법노트 활용법!
- 주요 단어는 노란색 형광펜으로 덧칠했어.
- 단어 뜻 설명은 상자 안에 넣었어.
- 주요 인물과 장소, 날짜, 용어는 파란색 글씨로 표시했어.
- 핵심 개념에는 다양한 색으로 밑줄을 그었어.
- 중요한 개념은 한눈에 알 수 있도록 그림이나 그래프, 도표 등으로 나타냈어.

만약 코딩 수업이 어렵거나 코딩 프로젝트에 문제가 생긴다면 이 노트가 네게 도움이 될 거야. 컴퓨터과학의 중요한 모든 핵심을 담았고, 스크래치와 파이썬, 웹 개발의 기초를 정리했거든.
정말 유용한 노트겠지?
잊어버린 내용을 다시 찾아볼 때나 수업 시간에 배운 내용을 복습할 때, 혼자서 학습할 때도 이 노트는 꼭 필요할 거야.

파이썬 프로그래밍

비법노트 1장	파이썬 시작하기 10
비법노트 2장	파이썬의 변수 22
비법노트 3장	문자열 31
비법노트 4장	변수와 수 49
비법노트 5장	리스트와 불리언 수식 61
비법노트 6장	for 루프 77
비법노트 7장	while 루프와 중첩 루프 89
비법노트 8장	조건문 99
비법노트 9장	함수 119

웹 개발

비법노트 10장	인터넷이란 무엇일까? 140
비법노트 11장	사이버 보안 158
비법노트 12장	기본 웹 페이지 만들기 175
비법노트 13장	HTML의 텍스트 요소 190
비법노트 14장	링크 요소 201
비법노트 15장	CSS로 스타일 다듬기 211
비법노트 16장	CSS로 개별 요소의 스타일 다듬기 227

찾아보기 244

파이썬 시작하기

파이썬 소개하기

파이썬은 배우기 쉬워서 가장 많이 사용되고 있는 프로그래밍 언어야. 그래서 초보자들에게 인기가 많아. 파이썬을 사용할 수 있는 프로젝트는 무척 다양해. 웹 사이트 설계부터 아주 많은 양의 데이터 검사까지 정말 폭넓게 사용돼.
유튜브나 구글 같은 인기 많은 프로그램을 만들 때도 사용되지.

파이썬은 유용하게 사용할 수 있는 **함수**들도 함께 제공해.
예를 들어 볼까?

- 기본 사칙 연산이나 제곱근, 난수 선택 같은 수학 함수
- 그래픽 관련 함수
- 사용자 친화적인 메뉴와 버튼 관련 함수

IDLE

파이썬 코드는 **통합 개발 환경(IDE)** 프로그램 중 하나인 IDLE(Integrated Development and Learning Environment)에서 작성해. IDLE는 파이썬을 설치할 때 함께 설치되지. 파이썬에 제공되는 IDLE 프로그램은 두 가지 창 형태로 사용할 수 있어. 바로 **셸 창**과 **에디터 창**이야(앞으로는 셸과 편집기라고 할게).

> **IDE(Integrated Development Environment)**
> 프로그래머들이 파이썬 프로그램을 만들기 위해 코드를 입력하고 편집하는 프로그램

셸은 IDLE를 열면 곧바로 나타나는 창이야. 화면에 '>>>' 기호가 보이는데, 여기부터 코드를 입력할 수 있다는 뜻이지.

>>> 기호의 이름은 **프롬프트**야.

셸에서 코드를 실행하려면 프롬프트 바로 옆에 코드를 입력하고 엔터 키를 눌러. 코드의 **출력**은 코드 행 바로 다음부터 표시돼. 만일 코드가 올바로 실행되지 않으면 이 자리에 오류가 표시되지.

출력
코드가 실행된 후 표시되는 실행 결과

예시: print("Hello, World!") 코드를 입력하면 "Hello, World!"가 출력될 거야.

```
>>> print("Hello, World!")
Hello, World!
>>>
```

셸은 실행할 코드가 얼마 되지 않을 때는 대단히 유용하지만, 코드를 저장할 수 없기 때문에 프로그램 전체를 작성하기에는 알맞지 않아.

>>> 여기부터 입력 시작!

셸

프로그램 전체를 작성할 때는 편집기가 제격이야. 코드를 파일 형태로 저장할 수 있거든. 편집기는 아무것도 없는 파일로 시작해. 파일 이름도 없어. 원래 파이썬 파일은 **.py**로 끝나는데, **firstproject.py**처럼 이름을 붙일 수 있어. 파일은 찾기 쉬운 곳에 저장하는 것이 좋겠지?

> 이걸 확장명이라고 해. 파일 형식을 의미하지.

파이썬으로 프로그래밍할 때는

- 프로젝트에 어울리는 이름을 붙여야 해.

- 기억하기 쉬운 곳에 저장해야 해.

- 자주자주 저장해야 해.

이제부터는 날 ·py라고 불러.

파일 저장하기 팁

'내 문서' 안에 'Python_Projects' 폴더를 새로 만들고 거기에 파이썬 프로젝트 파일을 모두 저장하는 거야. 이렇게 하면 파일 구조가 깔끔해지고 나중에 찾기도 쉬워.

코드

컴퓨터가 받는 명령은 반드시 코드로 작성해야 해. 코드는 꼭 파이썬 프로그래밍 언어의 규칙을 따라야 하지.

> 프로그램을 작성하기 위한 규칙을 **구문(syntax)**이라고 해.

파이썬은 다양하고 구체적인 작업을 수행하는 코드인 내장 함수들도 함께 제공해. 대표적인 함수가 바로 **print**야. print() 함수는 **매개변수의 값**으로 추가한 텍스트를 셸에 출력해.

> **매개변수의 값**
> 함수의 괄호 안에 지정한 텍스트

헬로, 파이썬

'Hello, World!'는 모든 프로그래밍 언어로 가장 먼저 만드는 기본적인 프로그램이야. 파이썬에서 'Hello, World!' 프로그램은 print 함수를 호출할 때 다음처럼 "Hello, World!"를 매개변수의 값으로 지정해 만들어.

print() 함수는 매개변수의 값을 출력하라고 컴퓨터에 말해.

함수를 호출한다는 것은 그 함수를 사용하라고 컴퓨터에 지시한다는 뜻이야.

코드를 입력할 때는 정말 조심해야 해. 철자 하나라도 틀리면 프로그램은 올바로 실행되지 않기 때문이야. 쓸데없는 공백이나 기호를 넣지 말아야 하고, 대문자도 아무렇게나 사용하면 안 돼. 예를 들어 Print와 print는 다르고, Print는 우리 의도대로 동작하지 않아.

철자만큼은 컴퓨터가 우리 영어 선생님보다 더 까다로워!

삑!

구조화하기

코드에서 **주석**은 자신과 다른 프로그래머를 위한 쪽지와도 같아. 주석은 프로그램의 한 부분이지만 실행되지는 않아. 그저 코드를 읽는 사람이 볼 수 있을 뿐이야.

게시판

주석은 포스트잇과 비슷해서 자신의 생각을 정리하고 구조화할 때도 편리하고 좋아. 알림 메시지나 코드 설명, 질문 등에 활용되기도 하지.

> 파이썬에서 주석을 넣을 때는 # 기호를 입력해. # 기호는 한 행짜리 주석이야. 주석을 여러 행으로 작성할 때는 삼중따옴표(''' 또는 " " ")를 사용해.

```
# 한 행짜리 주석
'''여러 행짜리
주석이야.
아직도 주석이군…'''
```

나는 인기도 많지만 오지랖도 넓지.

유용한 색들

셸이나 편집기에서는 입력하는 코드에 따라 자동으로 색이 다르게 표시돼. 코드를 쉽게 읽을 수 있게 하기 위해서야.

보라색은 내장 함수를 나타내. print()가 내장 함수야.

주황색은 특별한 의미를 가지는 키워드를 나타내. if나 True가 그 예야.

초록색은 따옴표로 묶인 모든 텍스트를 나타내. 텍스트를 묶을 때는 작은따옴표든 큰따옴표든 짝만 맞추면 상관없어. 그러니까 작은따옴표로 시작해 큰따옴표로 끝나면 안 되는 거야.

파란색은 프로그램이 실행될 때 출력 텍스트를 나타내.

빨간색은 프로그램이 올바로 실행되지 않았을 때 출력되는 오류 메시지를 나타내.

검은색은 프로그램에서 나머지 모든 텍스트를 나타내.

1. 셸과 편집기에서 입력하는 코드의 색이 자동으로 표시되는 이유는 무엇일까?

2. IDE 프로그램은 무엇일까?

3. 다음 빈칸에 셸과 편집기 중 맞는 걸 써 보자.
   A. _____ : 파이썬으로 큰 프로그램을 만들려고 해.
   B. _____ : 작업을 저장하려고 해.
   C. _____ : 짧은 코드를 즉석에서 실행하려고 해.

4. IDLE과 해당하는 코드 색을 연결해 보자.
   A. 출력 텍스트　　　•　　　• 보라색
   B. 따옴표로 묶인 텍스트 •　　　• 주황색
   C. 키워드　　　　　•　　　• 초록색
   D. 오류 메시지　　　•　　　• 파란색
   E. 내장 함수　　　　•　　　• 빨간색

5. 다음 문장이 맞으면 O, 틀리면 X를 표시해 보자.

> 파이썬은 전문가들이 유튜브나 구글처럼 인기 많은 프로그램을 만들 때 사용하는 프로그래밍 언어이다.

6. 코드에 주석을 넣는 이유는 무엇일까?

7. 셸에서 매개변수의 값을 출력할 때 사용하는 함수는 무엇일까?

8. 다음 텍스트를 올바른 주석 기호를 사용해 주석으로 만들어 보자.

> 이 문장은 한 행짜리 주석이야.
>
> 이 문장은
> 여러 행짜리 주석이야.

정답

1. 색이 다르면 코드를 쉽게 읽을 수 있다.

2. 프로그래머들이 파이썬 프로그램을 만들기 위해 코드를 입력하고 편집하는 프로그램이다.

3. A. 편집기
   B. 편집기
   C. 셸

4. A. 출력 텍스트 — 파란색
   B. 따옴표로 묶인 텍스트 — 초록색
   C. 키워드 — 주황색
   D. 오류 메시지 — 빨간색
   E. 내장 함수 — 보라색

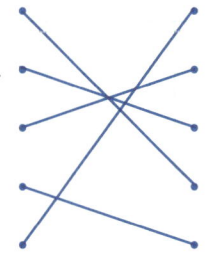

5. O

6. 주석은 자신의 생각을 정리하고 구조화할 때 유용하다. 그리고 자신뿐만 아니라 다른 프로그래머들도 실제 코드를 읽지 않아도 코드가 하는 일을 쉽게 이해할 수 있다.

7. print()

8. #이 문장은 한 행짜리 주석이야.
'''이 문장은
여러 행짜리 주석이야.'''
또는
" " "이 문장은
여러 행짜리 주석이야." " "

비법노트 **2**장

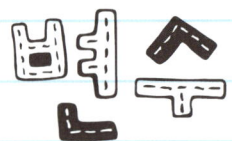

변수는 정보를 저장할 때 사용해. 정보를 저장하면 프로그램이 실행되는 동안 언제라도 다시 사용할 수 있어서 무척 편리하지. 같은 값이나 코드를 여러 번 반복해 입력하는 수고를 덜어 주거든.

파이썬의 변수를 저장하는 대표적인 기본 **데이터 타입**은 다음과 같아.

> **데이터 타입**
> 데이터가 나타내는
> 값의 종류

- 문자열
- 정수
- 리스트
- 불리언 값

변수는 데이터, 즉 값을 저장해. 대표적으로
문자열, 수, **리스트**, **불리언** 등을 저장할 수 있지.

> **문자열**
> 텍스트를 나타내는
> 데이터 타입

> **리스트**
> 값이 순서대로 늘어선 것

변수 사용하기

값을 변수에 대입할 때는 다음 형식을 사용해.

식별자 = 값

> **불리언**
> 참이나 거짓을
> 나타내는 데이터 타입

식별자는 변수 이름이야.

예시: 플레이어의 생명력이 3개인 게임에서라면 변수 이름을
lives로 붙이고 3이라는 값을 대입할 수 있어.

값

lives = 3

식별자

> 파이썬에서 = 기호는 **대입**을
> 의미해. lives = 3은 'lives에 3을
> 대입하라'고 읽어.

lives 변수를 만들고 3 값을 대입했으니까 이제부터 프로그램 전체에서 lives 변수를 언제든 재사용할 수 있어.

파이썬 변수에 이름을 붙이는 규칙

어떤 변수 식별자, 즉 이름을 붙여야 할까?

GOOD!

- ★ 수와 대문자, 소문자, 밑줄(_) 사용하기

- ★ 글자로 시작하기

- ★ 변수의 쓰임새를 쉽게 알 수 있도록 짧고 간결하게 짓기

이런 변수 식별자는 사용할 수 없어.

BAD!

* 공백이나 기호(-, /, #, @ 등)

* 파이썬에서 이미 특별한 목적으로 사용하는 키워드(예: print)

* 대문자 O나 I, 소문자 l(엘) 등은 아예 사용할 수 없는 건은 아니지만 조심해야 해. 대문자 O와 숫자 0, 대문자 I와 소문자 l이 비슷해 보여 헷갈리거든.

* 숫자나 밑줄로 시작하는 이름

다음은 파이썬의 **키워드**인데 식별자로 사용하면 곤란해.

and	def	finally	in	pass	while
as	del	for	is	print	with
assert	elif	from	lambda	raise	yield
break	else	global	not	return	
class	except	if	or	try	
continue	exec	import			

변수의 쓰임새를 쉽게 짐작할 수 있는 이름을 붙이는 것이 좋아.

예시: 플레이어의 생명력 개수를 저장할 변수에 j라는 이름을 붙이면, 프로그램에 사용하는 변수가 많아지면서 j 변수의 쓰임새는 잊게 될 거야.

하지만 lives라는 이름을 붙이면, 플레이어의 생명력 개수를 저장하는 변수라는 걸 쉽게 기억할 수 있겠지?

변수 이름은 짧게 지어야 해. 긴 이름은 철자를 틀리기 쉬울 뿐만 아니라 입력하는 데도 더 많은 시간이 걸리거든.

예시: the_number_of_lives_the_player_has_left라는 이름은 변수가 어떤 값을 저장하는지 구체적으로 알려 주지만 너무 복잡하고 길지? lives 같은 짧은 이름이 더 좋아.

변수 이름의 형식

프로그래머들은 **관습상 이름**에 따라 읽기 쉬운 코드를 작성하려고 해. 관습상 이름은 변수 같은 것에 이름을 붙일 때 참고하는 형식이야. 파이썬은 프로그래머가 관습상 이름을 따르든 안 따르든 또는 관습상 이름 형식 중에서 어떤 것을 따르든 코드에 문제만 없다면 그대로 실행해. 하지만 한 가지 관습을 따라야 읽기 쉬운 코드를 작성할 수 있어. 다음은 흔히 사용하는 관습상 이름이야.

설명	예
소문자 하나	x
대문자 하나	X
모두 소문자	treasure
소문자와 밑줄	x_position
모두 대문자	CAPTION

> 파이썬에서는 변수에 이름을 붙일 때 대부분 **소문자와 밑줄**을 사용해.

27

대문자와 밑줄	SHIP_NAME
첫 글자만 대문자로 연결한 단어 (파스칼 케이스) 이름에서 각 단어의 첫 글자만 대문자로 바꿔 연결하는 방식이야.	JollyRoger
혼합 케이스(캐멀 케이스) 이름에서 첫 번째 단어는 모두 소문자로 하고, 두 번째 단어부터 첫 글자만 대문자로 연결하는 방식이야. 낙타의 봉우리 같아서 붙은 명칭이지.	buriedTreasure
첫 글자만 대문자인 단어와 밑줄	Polly_Want_A_Cracker

1. winning_number라는 이름으로 변수를 선언하고 1001이라는 값을 대입해 보자.

2. 다음 중 파이썬 변수로 알맞지 않은 것은 무엇일까?
   A. @UserName   B. handle
   C. Num_Posts   D. FriendCount

3. 파이썬에서 = 기호는 무엇을 의미할까?

4. 'winning number'를 캐멀 케이스에 맞춰 변수 이름을 만들어 보자.

5. 프로그램을 만들 때 관습상 이름만을 사용하는 것이 좋은 이유는 무엇일까?

6. 다음 변수 이름에서 잘못된 점은 무엇일까?
   (1) date/Time
   (2) L001Il

7. 다음 변수를 사용한다면 생기는 문제는 무엇일까?
   continue

정답

1. winning_number = 1001

2. A

3. 대입

4. winningNumber

5. 관습상 이름을 사용하면 읽기 쉬운 코드를 작성할 수 있다.

6. (1) 파이썬은 변수 이름에서 슬래시(/)를 허용하지 않는다.
   (2) 1, O, 0, I, l 등은 서로 비슷해 코드를 쉽게 읽을 수 없다.

7. continue는 파이썬의 키워드이다. 키워드는 파이썬에 예약된 단어라서 변수 이름으로 사용할 수 없다.

비법노트 **3**장

문자열

문자열은 작은따옴표나 큰따옴표로 묶은 연속된 문자들이야. 프로그램에서 메시지 등을 화면으로 출력할 때 문자열을 사용해. 파이썬은 따옴표로 묶은 텍스트를 만나면 문자열로 처리하지.

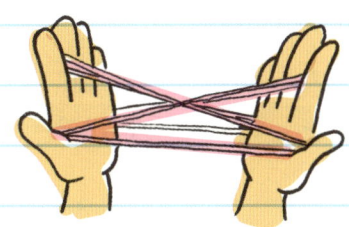

예시: 다음은 모두 따옴표로 묶였기 때문에 문자열이야.

"Game Over"

'time: 1:06'

"Lives left:"

"환영해, 하하! 내가 재밌는 얘기 하나 할까?"

작은따옴표와 큰따옴표는 섞어서 사용하지 말아야 해.
예를 들어 'board game night"는
올바른 문자열이 아니야.
변수에 문자열 값을 대입하려면, 변수에
이름부터 붙이고 대입 연산자(=)를
추가한 후 따옴표로 묶은 문자열을 입력해.

예시: 재밌는 이야기 프로그램을 만든다면, 변수 이름을 welcome으로 하고 대입 연산자를 추가해. 그다음 "환영해, 하하! 내가 재밌는 얘기 하나 할까?"를 대입해.

welcome = "환영해, 하하! 내가 재밌는 얘기 하나 할까?"

문자열에 print 함수 사용하기

print 함수를 사용해 변수의 값을 표시하려면 다음 과정을 따라야 해.

- 우선 변수에 값을 대입해.

welcome = "환영해, 하하! 내가 재밌는 얘기 하나 할까?"

■ 변수 이름을 print 함수의 괄호 사이에 넣어.

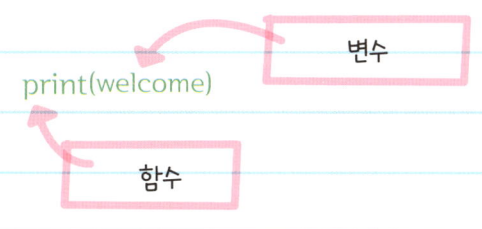

이 코드가 셸에 출력하는 내용:
환영해, 하하! 내가 재밌는 얘기 하나 할까?

중요: 변수 이름을 따옴표로 묶으면 결과가 달라져.

welcome = "환영해, 하하! 내가 재밌는 얘기 하나 할까?"
print("welcome")   따옴표 포함

이 코드가 셸에 출력하는 내용: welcome

변수 이름을 따옴표로 묶으면 파이썬은 이를 변수가 아닌 문자열로 판단해. 따라서 welcome이라는 변수를 찾지 않고 "welcome"이라는 문자열을 출력하지.

여러 행으로 텍스트 출력하기

여러 행의 문자열을 입력한 그대로 화면에 출력하고 싶으면 삼중따옴표(""")를 사용해.

예시:

joke = '''참 이상도 하지?
공이 점점 더 커지더니
결국 얼굴로 날아들었어.'''

print(joke)

출력 결과:
참 이상도 하지?
공이 점점 더 커지더니
결국 얼굴로 날아들었어.

이렇게 입력한 그대로 화면에 출력되지.

문자열 변수의 값 변경하기

변수의 값을 변경할 때는 변수에 새 값을 대입하는 코드가 한 번 더 필요해. 처음 대입할 때처럼 한 번 더 대입하는 거야.

예시: "낄낄"을 "우우"로 변경하려면 다음과 같이 하면 돼.

reaction = "낄낄"
reaction의 값: 낄낄

reaction = "우우"
reaction의 값: 우우
reaction의 값이 "낄낄"에서 "우우"로 변경되었어.

print(reaction)

출력 결과: 우우

출력되는 내용은 우우야. reaction의 최신 값이기 때문이지.
변수의 값이 변경되면 이전 값은 영원히 사라져.

문자열의 형식

문자열을 형식에 맞춰 입력하면 구두점(마침표나 쉼표) 등을 별다른 조작 없이도 간편하게 출력할 수 있어.

따옴표

문자열은 따옴표로 묶어야 해. 이 말은 따옴표 자체를 출력할 때는 별도의 방법이 필요하다는 뜻이기도 해. 이를 가리켜 **이스케이프**라고 해. 따옴표 앞에 백슬래시(\)를 두는 식으로 처리하지.

> **예시:**
>
> thinking_joke = "생각이란 생각하면 생각할수록 생각나는 것이 생각이므로 생각하지 않는 생각이 \"좋은 생각\"이라 생각한다."
> print(thinking_joke)
>
> ← 백슬래시
>
> 출력 결과는 다음과 같아.
> 생각이란 생각하면 생각할수록 생각나는 것이 생각이므로 생각하지 않는 생각이 "좋은 생각"이라 생각한다.

> **문자 이스케이프**는 해당 문자를 문자열을 묶는 특수 문자가 아니라 문자열의 일부로 판단하도록 파이썬에 알리는 거야.

예외! 문자열을 작은따옴표로 묶으면 큰따옴표는 이스케이프 처리를 하지 않아도 문자열에 사용할 수 있어. 반대로 문자열을 큰따옴표로 묶을 때는 작은따옴표를 원하는 대로 사용할 수 있지.

예시: 앞의 thinking_joke 변수에 다음 문자열을 대입해도 결과는 달라지지 않아.

thinking_joke = '생각이란 생각하면 생각할수록 생각나는 것이 생각이므로 생각하지 않는 생각이 "좋은 생각"이라 생각한다.'

하지만 문자 이스케이프는 잘 알고 사용해야 해. 작은따옴표와 큰따옴표가 문자열에 뒤섞여 있는 경우가 꽤 있거든.

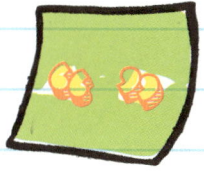

행 바꿈

새 행을 출력하려면 n 문자를 이스케이프로 처리해야 해.

print("\n")

예시: 핵심이 되는 문장을 행을 바꿔서 출력하고 싶을 때는 새 행을 의미하는 문자 이스케이프를 사용해.

print("내가 키우던 말하는 앵무새 있잖아?\n그런데 배고프다는 말을 안 하더라고.\n\n결국 죽었어.")

출력 결과:
내가 키우던 말하는 앵무새 있잖아?
그런데 배고프다는 말을 안 하더라고.

결국 죽었어.

연산자

연산자는 값을 처리하는 기호야. 대부분 수학에서 비롯되었지.

> *는 곱하기를 나타내는 수학 연산자야.
> +는 더하기를 나타내는 수학 연산자야.

수뿐만 아니라 문자열에도 연산자를 사용할 수 있어.

예시: Hello를 세 번 연달아 출력하려면 다음처럼 하면 돼.

print("Hello!" * 3)   곱하기 연산자

"Hello!" * 3은 "Hello!"를 세 번 반복하라는 뜻이야.

출력 결과: Hello!Hello!Hello!

Hello! 사이에 공백을 넣고 싶으면 문자열 끝에 공백을 두면 돼.

print("Hello! " * 3)   공백

출력 결과: Hello! Hello! Hello!

문자열 더하기

문자열을 서로 합쳐 새 문자열을 만들 때도 연산자를 사용할 수 있어.

예시:

공백

part1 = "닭이 왜 길을 건널까? "

part2 = "맞은편으로 가려고."

print(part1 + part2)

출력 결과: 닭이 왜 길을 건널까? 맞은편으로 가려고.

두 변수를 더하는 새 변수를 만들어 문자열을 합칠 수도 있어.

part1 = "닭이 왜 길을 건널까? "
part2 = "맞은편으로 가려고."
whole_joke = part1 + part2

다음은 변수의 값 whole_joke를 코드에 입력한 결과야.

닭이 왜 길을 건널까? 맞은편으로 가려고.

더하기 연산자는 변수와 문자열을 새 문자열 값으로 합칠 수도 있어.

animal = "악어"
joke = "왜 " + animal + "가 길을 건널까?"
print(joke)

+ 기호 앞뒤로 공백을 하나씩 두면 코드를 한결 쉽게 읽을 수 있어.
이 공백은 문자열의 일부가 아니어서 컴퓨터가 무시하기 때문이야.
물론 다음처럼 입력할 수도 있어.

joke = "왜 "+animal+"가 길을 건널까?"

출력 결과는 달라지지 않아.

왜 악어가 길을 건널까?

변수는 값이 바뀔 수 있기 때문에 프로그램에서 하나의
결과만을 나타내지 않아. 변수 덕분에 프로그램이 유연해지는 거야.

프로그램 사용자가 직접 입력하는 프로그래밍을 할 경우가 있어.

input() 함수는 괄호 안의 문자열을 출력하고 사용자의 입력을 기다려.

input("여기에 입력해")

코드가 실행되면 셸에는 '여기에 입력해'가 출력되고, 사용자가 무언가를 입력하고 엔터 키를 누를 때까지 잠시 멈춘 상태가 되지.

사용자가 셸에서 입력하는 내용을 변수에 저장할 수 있어. 그러려면 input() 함수 앞에 변수를 두고 대입 연산자를 사용해야 해.

사용자의 입력을 저장할 변수

variable = input("여기에 입력해")

사용자에게 표시할 텍스트

예시: 앞선 예에서 animal 변수에 저장할 동물을 사용자에게 입력받을 때 input() 함수를 사용해 볼게.

```
animal = input("어떤 동물을 가장 좋아해? ")
joke = "왜 " + animal + "가 길을 건널까?"
print(joke)
```

코드는 사용자에게 질문을 하고, 사용자가 대답을 입력한 후 **엔터**를 누를 때까지 기다려.

어떤 동물을 가장 좋아해? **악어**

사용자가 대답을 입력하면, animal 변수에 저장된 정보에 따라 이 행이 출력되지.

왜 **악어**가 길을 건널까?

이 부분이 사용자가 입력한 대답이야.

문자열 함수

파이썬은 문자열을 간편하게 변경할 수 있는 내장 함수를 다양하게 제공해. 단어의 첫 글자만 대문자로 바꾸거나 전부 소문자로 바꿀 수도 있고, 여러 문자열을 하나로 합치거나 일부분만 바꿀 수도 있어. 더 깔끔하게 출력되도록 형식을 다듬는 함수도 있지.

문자열 함수는 데이터의 형식을 다듬을 때 사용해.
예를 들어 사용자가 어떤 영어 단어를 모두 소문자로만 입력했다면 title() 함수를 사용해 첫 글자만 대문자로 바꿀 수 있어.
문자열 함수를 사용할 때는 다음 형식을 따라야 해.

variable.function()

만일 name이라는 변수에 저장되는 문자열의 첫 글자만 대문자로 바꾸려면 title() 함수를 다음처럼 사용하면 돼.

name.title()

함수
변수

문자열 함수는 프로그램 어느 곳에서든 곧바로 문자열에 사용할 수 있어.

title() 함수가 들어갈 자리는 상황에 따라 달라질 수 있어.

name = input("너 영어 이름이 뭐니? ").title()
print("아, " + name + "이구나. 만나서 반가워!")

name = input("너 영어 이름이 뭐니? ")
name = name.title()
print("아, " + name + "이구나. 만나서 반가워!")

name = input("너 영어 이름이 뭐니? ")
print("아, " + name.title() + "이구나. 만나서 반가워!")

세 가지 모두 출력 결과는 같아. 사용자가 chris kim이라고 입력했다면 다음과 같이 출력되겠지.

아, Chris Kim이구나. 만나서 반가워!

흔히 사용되는 문자열 함수

title(): 단어마다 첫 글자만 대문자로 바꿔.
capitalize(): 전체 단어에서 맨 앞 글자 하나만 대문자로 바꿔.
lower(): 모두 소문자로 바꿔.
swapcase(): 대소문자를 반대로 바꿔.
upper(): 모두 대문자로 바꿔.

1. 다음 중 문자열이 아닌 것은 무엇일까?
   A. "스트링 치즈"
   B. '신발끈'
   C. "외계인이 말했다. \"여기가 지구인가?\" "
   D. 5 + 9

2. 다음 코드의 출력 결과는 무엇일까?
   subject = "미술"
   print("내가 제일 좋아하는 과목: " + subject)

3. 여러 행의 문자열을 출력하는 방법은 무엇일까?

4. 사용자에게 가장 좋아하는 색을 물어볼 때 사용하는 함수를 코드로 작성해 보자.

5. 따옴표를 이스케이프 처리한다는 뜻은 무엇일까?

6. 다음 print() 함수에서 새 행을 출력하려면 어떻게 코딩해야 할까?
   print(   )

7. 다음 코드의 출력 결과는 무엇일까?

   flavor1 = "초콜릿"

   flavor2 = "딸기"

   flavor3 = "바닐라"

   print("내가 가장 좋아하는 아이스크림 맛 3개: " + flavor1 + ", " +

   flavor2 + ", " + flavor3 + ".")

8. 사용자에게 키우고 있는 강아지 이름을 묻고, 강아지 이름을 dog 변수에 저장한다고 생각해 보자. 이때 강아지 이름의 맨 앞 글자만 대문자로 바꿔 저장한다면 다음 중 잘못된 코드는 무엇일까?

   A. capitalize() = dog

   B. dog = dog.capitalize()

   C. dog = input("강아지 이름이 뭐야?").capitalize()

   D. print("강아지 이름: " + dog.capitalize())

정답

1. D

2. 내가 제일 좋아하는 과목: 미술

3. 출력하고 싶은 대로 엔터 키를 눌러 행을 나누고 문자열 전체를 삼중따옴표로 묶는다. 또는 행을 나누고 싶은 위치에 "\n"을 넣는다.

4. input("가장 좋아하는 색이 뭐야?")

5. 따옴표를 이스케이프 처리하면 파이썬은 이 따옴표를 더 이상 문자열을 묶는 특수 문자가 아닌 문자열의 일부로 판단한다.

6. "\n"

7. 내가 가장 좋아하는 아이스크림 맛 3개: 초콜릿, 딸기, 바닐라.

8. A

비법노트 **4**장

변수에는 수를 저장할 수도 있어. 변수에 수를 대입할 때는 절대 따옴표로 묶지 마.

```
number = 5
string = "five"
string = "5"
```

수를 따옴표로 묶으면 문자열로 인식하기 때문에 수학 계산을 할 수 없어.

수 변수로 계산하기

파이썬에서 수학 문제를 해결할 때 수를 사용해. 계산 프로그램을 만들어 볼게.

우선 수 변수 두 개를 만들어서
그 합을 출력할 수 있어.

> num1과 num2에 값을 대입한 후에야 sum을 계산할 수 있어. 그러니까 값을 대입하지 않으면 변수를 사용할 수 없지.

```
num1 = 4
num2 = 5
sum = num1 + num2
print(sum)
```

출력 결과: 9

수 타입

파이썬에서 사용할 수 있는 수는 크게 두 가지가 있어.
정수와 **부동소수점수**야.

정수

파이썬에서 **정수(integer)**는 양수와 음수, 그리고 0으로 이뤄진 수야.
한마디로 소수점이 없는 수지. num1이라는 변수를 만들어
정수 3을 대입해 볼까?

num1 = 3 ← 정수

문자열 안에 정수가 포함되어 있어도 파이썬은 정수로 인식하지 못해.

예시: 두 문자열을 더하면 하나로 합쳐져.

```
num1 = "4"
num2 = "3"
sum = num1 + num2
print(sum)
```

수도 따옴표로 묶으면 문자열이 돼.

이 코드의 출력 결과는 43이야. 숫자 43이 아니라 문자열 "4"와 "3"이 합쳐져 하나의 문자열로 표시된 거야.

필요에 따라 변수를 정수 데이터 타입으로 바꾸기도 해.

예시: input() 함수에 사용자가 입력을 하면 파이썬은 이 입력을 무조건 문자열로 인식해.

```
width = input("너비: ")
height = input("높이: ")
```

이 프로그램에서 사용자가 5와 8을 각각 입력한다면 width와 height에는 정수가 아니라 각각 "5"와 "8"이 입력될 거야.

51

사용자의 입력을 문자열에서 정수로 변환하려면 int() 함수를 사용해. 계산은 그다음부터 할 수 있지.

너비와 높이를 곱해 직사각형의 넓이를 구할 수 있어.

```
width = input("너비: ")
height = input("높이: ")
width = int(width)
height = int(height)
print(width * height)
```

너비와 높이는 원래 문자열이었어.

너비와 높이를 정수로 변환해 다시 대입했어.

이제 너비와 높이를 곱할 수 있어. 넓이를 구할 수 있는 거지.

부동소수점수

부동소수점수(float)는 소수점이 있는 수야.

예시: 다음 변수들은 부동소수점수야.

```
num1 = 3.3
num2 = 6.0
num3 = 2.9564576
```

부동소수점수

변수의 값을 정수에서 부동소수점수로 변환할 때는 float() 함수를 사용해.

num1 = 6 ← num1은 정수야.

num1 = float(num1) ← 부동소수점수로 변환해 다시 대입했어.

sum = num1 + 3.3 ← 부동소수점수를 계산하면 소수점이 그대로 남아.

print(sum) ← 출력 결과: 9.3(6.0과 3.3의 합)

수의 변환

int(): 값을 정수로 바꿔. 문자열을 수로 바꿔 계산할 수 있어.

float(): 값을 부동소수점수로 바꿔. 정수가 아닌 수가 필요할 때 유용해.

수식

수와 연산은 게임에서 캐릭터의 위치를 나타낼 때 사용해. 날짜를 계산하거나 타이머를 설정할 때, 색을 표시하거나 점수를 계산할 때도 필요하지. **값**과 **연산자**를 결합해 **수식**을 만드는 거야.

예시:

4 * 3

3 / 4 * 5 - 5 / 2

(7 * 3) - (5 - 7) / (4 + 5)

수식
값과 연산자가 결합되어 하나의 값으로 계산할 수 있는 것을 말해. 예를 들어 2 + 3은 5로 계산되는 수식이야.

연산자
↓
2 + 3
↑ ↑
값

변수는 수를 담을 수 있을 뿐만 아니라 수식에도 사용할 수 있어. 예를 들어 x라는 변수에 4라는 값이 대입되어 있다면 수식에도 사용할 수 있지.

x + 6 ⟶ x가 4이므로
　　　　 이 수식의 값은 10이야.

값
수식에서 값은 수야.

다음은 자주 사용하는 수학 연산자야.

이름	기호	예
더하기	+	5 + 2
빼기	-	5 - 2
곱하기	*	5 * 2
나누기	/	5 / 2
나머지	%	5 % 2
지수	**	5 ** 2
몫	//	5 // 2

나눗셈에서 나머지만 나타내. 여기서 출력 결과는 1이야. (→ 5 % 2)

나머지를 무시하고 몫만 나타내. 여기서 출력 결과는 2야. (→ 몫)

수학에서 사용하는 곱하기 기호(X)와 나누기 기호 (÷)는 사용하지 않아.

연산 순위

수식을 계산할 때는 **연산 순위**를 생각해야 해.

> **연산 순위**
> 어떤 수식을 먼저 계산할지 순서를 결정하는 규칙

1. 어떤 연산이든 괄호 안 수식을 가장 먼저 계산해. 괄호 안에 또 괄호가 있을 때는 가장 안쪽 괄호부터 계산해야 하지.

> 괄호는 '중첩'할 수 있어. 다시 말해 ((2 + 18) * 5) / 10처럼 괄호 안에 또 괄호를 넣을 수 있다는 거야.
> 가장 안쪽 수식인 2 + 18을 먼저 계산해야겠지?

2. 지수, 절댓값, 제곱근을 왼쪽에 있는 수식부터 계산해.

3. 곱셈과 나눗셈을 왼쪽에 있는 수식부터 계산해.

4. 덧셈과 뺄셈을 왼쪽에 있는 수식부터 계산해.

> 연산 순서를 흔히 펨다스(PEMDAS)라고 해.
> PEMDAS는 괄호(Parentheses), 지수(Exponents), 곱하기(Multiplication), 나누기(Division), 더하기(Addition), 빼기(Subtraction)의 앞 글자를 딴 말이야. 단, 펨다스 규칙은 완벽하지 않아. 수식은 왼쪽에서 오른쪽으로 계산하기 때문에 빼기가 더하기보다 왼쪽에 있다면 빼기를 먼저 계산해야 해. 나누기와 곱하기에도 같은 규칙이 적용되겠지?

예시: 2 * (6 - 3)이라는 수식을 계산해 볼까?

우선 괄호 안 수식부터 해결해야 해.　　　2 * (6 - 3)
　　　　　　6 - 3 = 3　　　　　　　→ 2 * (3)

이제 곱하기를 계산해.　　　　　　　　2 * 3 = ⑥

이 수식에 괄호가 없다면 어떤 결과가 나올까?　2 * 6 - 3

우선 곱하기를 해.　　2 * 6 = 12　　　→ 12 - 3

이제 빼기를 해.　　　　　　　　　　　12 - 3 = ⑨

이 두 수식은 숫자가 같아도 결과는 연산 순위 때문에 다를 수밖에 없어. 파이썬은 항상 연산 순위에 따라 값을 계산해.

수식 출력하기

print() 함수 안에 수식을 넣으면 파이썬은 수식의 결과값을 셸에 출력해.

예시:

print(5 * 3)　　출력 결과: 15

1. 수식이란 무엇일까?

2. 다음 수식의 결괏값은 얼마일까?

    A. 5 // 4

    B. 3 * (5 + 2) - 6

    C. 2 * 5

    D. 4 / 2

    E. 6 % 2

    F. 6 / 3 + (2 - 1) + 2 * 3

3. 5 곱하기 2의 결과를 출력하는 코드를 작성해 보자.

4. 연산 순위에 따라 지수와 더하기 중 먼저 계산해야 하는 것은 무엇일까?

5. 나눗셈에서 나머지를 **제외하고** 몫만을 구할 때는 _____ 연산자를 사용해.

6. 다음 코드의 출력 결과는 무엇일까?

```
width = 4
height = 12
perimeter = width * 2 + height * 2
print(perimeter)
```

7. 다음 프로그램에서 오류를 찾아보자.

```
dog_years = human_years * 7
human_years = 3
print(dog_years)
```

8. 다음 프로그램은 정수를 출력할까, 부동소수점수를 출력할까?

```
d = 4.2
t = 3
speed = d / t
print(speed)
```

9. 변수를 정수로 변환하기 위해 사용하는 함수는 무엇일까?

정답

1. 수식은 값과 연산자가 결합되어 하나의 값으로 계산할 수 있는 것을 말한다.

2. A. 1   B. 15   C. 10
   D. 2   E. 0   F. 9

3. print(5 * 2)

4. 지수

5. //

6. 32

7. human_years 변수의 값을 둘째 행인 (human_years * 7)에서 사용된 후에 대입했다는 것이 오류다. 첫 번째 행과 두 번째 행의 순서가 바뀌어야 한다.

8. 부동소수점수이다. 왜냐하면 d는 부동소수점수이고 speed를 계산할 때 사용되기 때문이다.

9. int()

비법노트 **5**장

리스트와 불리언 수식

리스트

리스트는 여러 개의 값을 한꺼번에 저장하는 변수야. 그래서 여러 정보를 한곳에 저장할 때 무척 유용하지. 리스트는 수와 문자열, 다른 리스트까지 어떤 값이든 저장할 수 있어.

파이썬에서 리스트는 각 항목을 쉼표로 구분한 후 전체를 대괄호로 묶어 표현해. 예를 들어 fruits라는 리스트를 만들고 그 안에 사과와 바나나, 포도, 오렌지, 배를 대입해 볼게.

fruits = ['사과', '바나나', '포도', '오렌지', '배']
(리스트 이름 / 리스트의 항목들)

노트: 각 항목은 쉼표로 구분해. 혹시라도 문자열 항목에서 따옴표 안으로 쉼표가 들어가지 않도록 주의해야 해.

리스트를 한 줄로 늘어선 상자라고 생각해 봐. 그러면 상자마다 값이 들어 있겠지? 상자에는 0부터 시작하는 번호를 붙여 구분할 수 있어. 이 번호를 인덱스라고 해.

인덱스는 리스트에서 특정 값, 즉 항목을 찾거나 변경할 때 사용해. 앞서 예로 든 fruits 리스트에서는 사과가 인덱스 0 위치에 있고, 배는 인덱스 4 위치에 있어.
리스트에서 특정 항목은 list[#]라는 형식으로 나타내.
여기서 list는 리스트 이름이고, # 기호는 인덱스 위치를 나타내.
따라서 fruits[0]은 사과이고, fruits[4]는 배야.

fruits 리스트에서 두 번째 항목을 출력하려면 리스트 이름인 fruits와 이 항목의 인덱스인 1을 지정해야 해.

print(fruits[1])

> 인덱스는 0부터 시작하기 때문에 두 번째 항목의 인덱스는 2가 아니라 1이야.

출력 결과: 바나나

리스트의 일부 구간만 출력할 때는 print에 인덱스 구간을 지정해야 해.

> 끝 인덱스

print(fruits[1:4])

> 시작 인덱스

> 끝 인덱스(4: '배')는 포함되지 않아.

출력 결과: ['바나나', '포도', '오렌지']

> 마지막 항목은 포함되지 않아. 끝 인덱스 위치 바로 앞까지만 구간에 포함되니까 조심해야 해.

> print() 함수를 사용해 리스트의 일부 구간을 출력하면
> 대괄호와 따옴표까지 함께 표시될 거야. 항목 하나만
> 출력하는 게 아니라 리스트를 출력하기 때문이야.

리스트를 업데이트하는 방법은 너무 많아서 일일이 설명할 수 없을 정도야.

리스트를 만든 후에는 특정 항목을 교체할 수 있어.

🟢 리스트에서 항목을 교체하려면,
   1. 바꾸어야 할 인덱스 위치를 지정해.
   2. 값을 다시 대입해.

fruits 리스트에서 포도를 키위로 바꾸어 볼까?
fruits 리스트의 항목들: ['사과', '바나나', '포도', '오렌지', '배']

포도의 인덱스 위치는 2야. 따라서 fruits 리스트의 인덱스 2 위치에 키위를 대입해야 해.

fruits[2] = '키위'

썩 나가!

출력 결과: ['사과', '바나나', '키위', '오렌지', '배']

- 리스트 맨 뒤에 항목을 덧붙일 때는 append() 함수를 사용해.

> append는 추가한다는 뜻이야.

fruits 리스트에 append() 함수를 사용해 체리를 추가할 수 있어.

fruits.append('체리')

> 항목 구분 기호인 쉼표는 자동으로 추가되니까 신경 쓰지 않아도 돼.

출력 결과: ['사과', '바나나', '키위', '오렌지', '배', '체리']

- 리스트에서 두 항목 사이에 새 항목을 끼워 넣을 때는 insert() 함수를 사용해. 괄호 안에는 새 항목이 들어갈 위치와 새 항목을 지정하지.

insert() 함수를 사용해 복숭아를 fruits 리스트의 인덱스 위치 2에 추가해.

fruits.insert(2, '복숭아')

↑ 새 항목의 인덱스 위치   ↑ 끼워 넣을 값

출력 결과: ['사과', '바나나', '복숭아', '키위', '오렌지', '배', '체리']

- 리스트에서 특정 항목을 삭제할 때는 remove() 함수를 사용해. 괄호 안에는 삭제할 항목을 그대로 입력하지. 인덱스 위치가 아니라 값 자체를 입력하는 거야.

fruits.remove('키위')

출력 결과: ['사과', '바나나', '복숭아', '오렌지', '배', '체리']

- 리스트를 정렬하는 함수는 두 가지야.

• 리스트를 숫자나 글자의 오름차순으로 정렬할 때는 sort() 함수를 사용해.
• 리스트를 거꾸로 뒤집을 때는 reverse() 함수를 사용해.

fruits.sort()

출력 결과: ['바나나', '배', '복숭아', '사과', '오렌지', '체리']

fruits.reverse()

출력 결과: ['체리', '오렌지', '사과, '복숭아', '배', '바나나']

■ 리스트에서 항목의 개수를 구하려면 len() 함수를 사용해.

fruits = ['체리', '오렌지', '사과', '복숭아', '배', '바나나']
fruits_length = len(fruits)
print(fruits_length)

괄호 안에는 리스트 이름을 지정해.

출력 결과: 6

■ 한 리스트를 다른 리스트에 연결하려면 + 연산자를 사용해.

fruits = ['사과', '바나나', '키위']
vegetables = ['당근', '콩', '양파']
produce = fruits + vegetables
print(produce)

새 변수(합쳐진 리스트)에 이름을 붙여.

출력 결과: ['사과', '바나나', '키위', '당근', '콩', '양파']

리스트 함수

list[#]: 지정된 항목을 나타내. 여기서 # 기호는 항목의 인덱스 위치이고, list는 리스트 이름이야.

append(item): 리스트 맨 뒤에 지정 항목(item)을 덧붙여.

insert(#, item): 지정된 인덱스 위치에 지정 항목(item)을 끼워 넣어.

remove(item): 지정 항목(item)을 삭제해.

sort(): 리스트를 숫자나 글자의 오름차순으로 정렬해.

reverse(): 리스트를 거꾸로 뒤집어.

len(): 항목들의 개수를 내줘.

리스트 안에 또 리스트

리스트는 그 안에 다른 리스트를 가지기도 해. 이 리스트를 <mark>안쪽 리스트</mark>라고 하지. 안쪽 리스트는 2차 분류를 나타낼 때 사용할 수 있어. 리스트 안에 리스트를 넣으려면 리스트 안에 대괄호 한 쌍을 더 넣으면 돼.

바깥쪽 리스트   바깥쪽 리스트 계속

list = ["A", "B", "C", ["D1", "D2", "D3"], "E"]

안쪽 리스트: 바깥쪽 리스트의 네 번째 항목에 저장됨

예시: fruits 리스트 안에 사과 품종을 리스트로 표현해 볼게.

1. 대괄호를 연다.

2. 사과 품종을 항목으로 넣고 대괄호를 닫는다.

3. 나머지 리스트를 이어 간다.

　　　　　　바깥쪽 리스트　　　안쪽 리스트

fruits = ["바나나", ["홍로", "아리화", "아리수", "감홍"], "키위", "오렌지", "배"]

바깥쪽 리스트 계속

안쪽 리스트인 사과 품종 리스트는 바깥쪽 리스트인 fruits의 두 번째 항목이야.

사과 품종 리스트(안쪽 리스트)만 출력하려면 print() 함수에 fruits 리스트의 두 번째 항목(인덱스 위치 1)을 지정해야 해.

　　　　　　　두 번째 항목

print(fruits[1])

　　　리스트 이름

출력 결과: ["홍로", "아리화", "아리수", "감홍"]

사과 품종 리스트(안쪽 리스트)에서 특정 품종을 가리키려면 안쪽 리스트를 가리키는 인덱스 위치 1 다음에 안쪽 리스트에서 특정 항목을 가리키는 인덱스 위치를 연달아 표현해.

안쪽 리스트의 "아리수"를 출력하려면 다음처럼 코딩하는 거야.

print(fruits[1][2])   ← 특정 사과 품종
                      ← 사과 품종 리스트

출력 결과: 아리수

불리언 수식

프로그래밍에서는 참과 거짓을 가려내는 일이 대단히 중요해. 게임을 예로 들면 게임이 종료되었는지 계속 진행 중인지 알아야 하고, 사용자가 문제를 맞혔는지 틀렸는지도 알아야 하지.

파이썬은 어떤 값이 True인지 False인지 판단할 때 불리언 타입의 변수, 즉 불리언 수식을 사용해. 변수를 True나 False로 지정할 때는 대소문자에 주의해야 해. true나 false가 아니야. my_value = True처럼 코딩해야 하지.

불리언 변수는 전구 스위치와도 같아.
켜고 끄는(True 또는 False) 두 가지 선택만 있을 뿐이야.

불리언 수식을 변수에 대입하면 파이썬은 그 불리언 수식이 참인지 거짓인지에 따라 True 또는 False라는 값을 지정해. 예를 들어 볼까?

height = 58
meet_limit = height > 50
print(meet_limit)

> height에 58을 대입해.

> meet_limit에 height > 50을 대입해. 50보다 큰 높이는 참이라는 뜻이지.

출력 결과: True

높이가 58이므로 50보다 크니까 이 수식은 참이야.
결국 meet_limit 변수는 참이 되지.

> 수 변수가 저장하는 것은 수식의 결괏값이지 수식 자체가 아니잖아? 불리언 변수도 비슷해. 비교 자체를 저장하지 않고 결괏값인 True나 False를 저장하거든.

예를 하나 더 살펴볼게. test1 변수에 2와 4가 같은지를 판단하는 불리언 수식을 대입해. 결과는 당연히 거짓이겠지?

test1 = 2 == 4
print(test1)

출력 결과: False

비교 연산자는 어떤 정보의 참 또는 거짓을 판단해. 두 값을 서로 비교하지.

다음은 비교 연산자야.

기호	의미
==	서로 같다
!=	서로 같지 않다
<	보다 작다

기호	의미
>	보다 크다
<=	작거나 같다
>=	크거나 같다

True로 판단되는 수식의 예야.

수식	의미	값
2 == 2	2와 2가 같다	True
2 != 3	2와 3이 같지 않다	True
2 < 3	2가 3보다 작다	True
4 > 3	4가 3보다 크다	True
2 <= 2	2가 2보다 작거나 같다	True
5 >= 3	5가 3보다 크거나 같다	True

False로 판단되는 수식의 예야.

수식	의미	값
2 == 5	2와 5가 같다	False
2 != 2	2와 2가 같지 않다	False
3 < 3	3이 3보다 작다	False
2 > 3	2가 3보다 크다	False
5 <= 2	5가 2보다 작거나 같다	False
2 >= 3	2가 3보다 크거나 같다	False

1. _____은(는) 여러 값을 저장할 때 사용해.

2. 항목을 리스트 맨 뒤에 덧붙일 때 사용하는 함수는 무엇일까?

3. cars 리스트에서 두 번째 항목을 "포르쉐"로 교체하려면 어떻게 해야 할까?

4. 두 항목 사이에 새 항목을 끼워 넣을 때 사용하는 함수는 무엇일까?

5. 리스트 안에 리스트를 저장하려면 어떻게 해야 할까?

6. sort() 함수가 하는 일은 무엇일까?

7. 다음 리스트에서 "바나나"만 출력해 보자.
   fruits = ["사과", "바나나", "키위", "오렌지", "배"]

8. 다음 중 불리언 값과 관련이 없는 건은 무엇일까?

   A. True

   B. 3 ** 2

   C. False

   D. 3 > 2

9. 다음 프로그램의 출력 결과는 무엇일까?

   ```
   score = 3
   game_over = score > 5
   print(game_over)
   ```

10. 다음 코드의 출력 결과는 무엇일까?

    ```
    print(100 == 25)
    ```

11. 파이썬에서 ==와 =의 다른 점은 무엇일까?

정답

1. 리스트

2. append()

3. cars[1] = "포르쉐"

4. insert()

5. 대괄호 안에 안쪽 리스트를 나타내는 대괄호 한 쌍을 추가한다.

6. sort() 함수는 수나 글자의 오름차순으로 항목을 정렬한다.

7. print(fruits[1])

8. B

9. False

10. False

11. 파이썬에서 ==는 두 값이 같은지 비교하는 비교 연산자이고, =는 값을 변수에 대입하는 대입 연산자이다.

비법노트 **6**장

for 루프

파이썬은 서로 다른 **루프**를 사용해 서로 다른 반복을 수행해. for 루프는 정해진 횟수만큼만 코드를 반복해.

> **루프**
> 명령을 반복 수행하는 코드 구조

for 루프의 형식

for 루프는 엄격한 형식을 따라. 공백 하나라도 허투루 사용하면 안 돼.

for 루프를 만드는 단계

1단계: for라는 키워드부터 입력해. for 루프는 언제나 for부터 시작하거든. 이제부터 본격적으로 루프가 시작된다는 의미야.

2단계: 카운터 변수를 지정해. 이 변수의 값이 루프가 반복할 때마다 늘어나는 거야. 열 번을 반복하는 for 구조에서 카운터 변수의 값이 0부터 시작해 1씩 늘어난다고 생각해 봐.

처음 반복에서는 0, 그다음 반복에서는 1, 그다음 반복에서는 2, 또 그다음 반복에서는 3이 되는 식이야.
카운터 변수의 이름은 원하는 대로 붙일 수 있어. 대부분 프로그래머는 관습적으로 i를 선호해.

3단계: 키워드 in을 넣어. 이제부터 반복 횟수를 지정하겠다는 뜻이야.

4단계: 반복 횟수를 지정해. 이때 대개 range() 함수를 사용하지. 괄호 안에 횟수를 지정하면 돼. 이 함수는 0부터 세는데, 마지막 값은 횟수에 포함시키지 않아.

> range() 함수는 카운터의 시작과 끝, 카운트 방식을 정의해.
> 매개변수로 (start, stop, step)을 지정하지.
> **start**와 **stop** 매개변수는 각각 카운터의 시작과 정지를 나타내.
> **step** 매개변수는 카운트 방식을 나타내.
> 예를 들어 range(4, 13, 4)는 4에서 12까지 4씩 건너뛰며
> stop 바로 전까지 횟수를 세는 거야. 결국 이 구간에서 세는
> 숫자는 4, 8, 12가 되어 3회가 되지.

5단계: for 루프의 첫 행을 끝내고 마지막에 콜론(:)을 붙여.

지금까지 배운 내용을 실제 for 루프로 나타내면 다음과 같아.
카운터 변수는 i이고, 0에서 2까지 1씩 세면서 반복하는 구조야.

```
for i in range(3):
```

- for로 시작해.
- 루프의 반복 횟수를 지정해.
- in을 입력해.
- 콜론을 입력해.
- 카운터 변수의 이름이야.

for 루프의 다음 행에 반복할 코드를 추가해.
반복할 코드를 입력할 때는 키보드에서 탭을 누르거나 스페이스바를
네 번 눌러서 들여쓰기를 적용해야 해. 파이썬에서 들여쓰기는
들여쓰기를 적용한 그 행부터 들여쓰기를 적용하지 않은 바로 이전 행의
일부분이라는 뜻이야. 여기에 print() 함수를 추가할 때는 내 행에서
들여쓰기를 적용해야 해.

예시: for 루프에 '반복되는 코드'를 출력하는 print() 함수를 추가해 볼게.

```
for i in range(3):
    print("반복되는 코드")
```

반복할 코드를 넣어.

탭(또는 공백 네 개)만큼 들여쓰기를 적용해.

출력 결과:

반복되는 코드
반복되는 코드
반복되는 코드

다음 행에는 반복이 끝나고 실행할 코드를 추가해. 이때 내 행은 들여쓰기를 적용하지 않아.

```
for i in range(3):
    print("반복되는 코드")     ← 루프 안
print("반복은 끝났어!")         ← 루프 밖
```

출력 결과:

반복되는 코드

반복되는 코드

반복되는 코드

반복은 끝났어!

for 루프를 만들면 루프의 반복 횟수를 나타내는 새 변수가 함께 만들어져. 이 변수는 반복되는 코드 안에서 사용될 수 있어. 앞선 예에서 i 변수는 for 루프에서 사용되는데, "반복되는 코드"가 출력되기 전 i 변수를 출력하면 루프가 반복될 때마다 값이 어떻게 바뀌는지 알 수 있어.

```
for i in range(3):
    print(i, "반복되는 코드")
```

복습: range() 함수는 0에서 시작하고, 정지 값 바로 앞까지만 나타내.

출력 결과:

0 반복되는 코드

1 반복되는 코드

2 반복되는 코드

루프가 처음 실행될 때 i 변수의 값은 0이야. 그리고 마지막 반복에서는 2가 되지.

카운터 변수는 다른 방식으로 셀 때도 사용해.

예시: 카운트다운을 나타내 볼게. 카운터 변수를 10에서 시작해 1씩 빼면서 루프를 반복하면 10에서 1까지 출력될 거야.

```
for i in range(10):
    print(10 - i)
```

출력 결과:
10
9
8
7
6
5
4
3
2
1

range() 함수는 10으로 지정했지만 원하는 대로 더 큰 수를 지정할 수도 있어.

range() 함수의 다른 매개변수를 사용해 세는 방식을 바꿀 수도 있어.

이 수에서 시작해.

for i in range(2, 10, 2):
    print(i)

이 수만큼 건너뛰며 횟수를 세.

이 수 바로 앞까지만 횟수를 세.

출력 결과:
2
4
6
8

2, 4, 6, 8.
우리는 짝수가 좋아.

fruits 리스트에서 모든 항목을 출력하려면 다음처럼 코딩해.
fruits = ["배", "오렌지", "망고", "체리", "바나나", "사과"]

for i in range(6):
    print(fruits[i])

리스트 항목

리스트 이름

출력 결과:
배
오렌지
망고
체리
바나나
사과

리스트의 길이를 몰라도 리스트 전체를 훑을 수 있는 쉬운 방법이 있어.

range() 함수 대신 리스트 자체를 사용하는 거야. 루프는 리스트에 포함된 항목들의 개수만큼만 반복되지. 이때 카운터 변수는 더 이상 수가 아니라 리스트의 항목이 되어 리스트 전체를 훑어.
range()를 사용하지 않고 fruits 리스트의 모든 항목을 출력할 때는 다음처럼 리스트 이름을 직접 지정해.

```
fruits = ["배", "오렌지", "망고", "체리", "바나나", "사과"]

for i in fruits:
    print(i)
```

range() 대신 리스트 이름을 직접 사용해.

i 변수의 값은 수가 아니라 리스트의 항목이 돼.

1. for 루프에서 range() 함수가 하는 일을 설명해 보자.

2. for 루프의 코드 중 어느 부분에 들여쓰기를 적용해야 할까?

3. 다음 리스트에서 각 항목을 출력하는 두 가지 방법은 무엇일까?
seasons = ["겨울", "봄", "여름", "가을"]

4번 퀴즈는 다음 페이지에 있어.

4. 다음 프로그램을 실행해 얻는 결과를 써 보자.

프로그램 이름	프로그램	결과
A	`for i in range(4):` 　　`print(i)`	
B	`for i in range(10):` 　　`print(i * 5)`	
C	`for i in range(25, 101, 25):` 　　`print(i)`	

D	`colors = ["빨강", "파랑", "노랑"]`
	`for i in colors:`
	　　`print(i)`
	`print("색의 3원색이야.")`	

E	`multiplier = 4`
	`for i in range(11):`
	　　`print(i * multiplier)`	

F	`for i in range(7):` 　　`print(i)`	

정답

1. range() 함수는 루프 카운터의 시작과 끝, 카운트 방식을 정의한다.

2. for 루프를 실행할 때마다 반복될 코드

3. 첫 번째 방법
   ```
   for i in range(4):
       print(seasons[i])
   ```

   두 번째 방법
   ```
   for i in seasons:
       print(i)
   ```

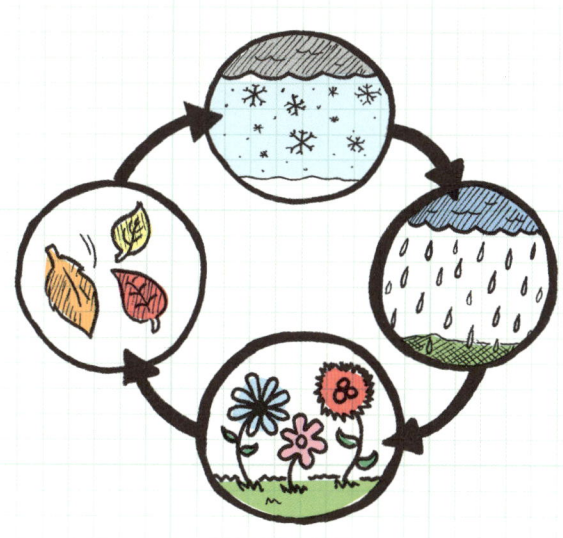

4.

A	B	C
0	0	25
1	5	50
2	10	75
3	15	100
	20	
	25	
	30	
	35	
	40	
	45	

D	E	F
빨강	0	0
파랑	4	1
노랑	8	2
색의 3원색이야.	12	3
	16	4
	20	5
	24	6
	28	
	32	
	36	
	40	

비법노트 7장

while 루프와 중첩 루프

while 루프

while 루프는 조건문이 참인 동안 반복해. while 루프는 for 루프와 비슷하지만 횟수를 세는 부분이 조건문으로 대체되었다는 점이 달라.

> **복습:**
> 조건문은 어떤 조건이 충족될 때만 코드를 실행해.

while 루프는 항상 while이라는 키워드로 시작하고, 바로 다음에는 불리언 수식과 콜론(:)이 이어져. while 루프의 다음 행에 반복할 코드를 들여쓰기를 적용해서 입력해.

89

사용자가 정확한 암호를 입력할 때까지 계속 반복되는 암호 검사기를 생각해 봐. 불리언 수식은 사용자가 입력된 암호가 맞는지를 확인해. 우선 password라는 변수부터 만들고 None이라는 값을 대입해.

조건문은 어떤 조건이 충족될 때만 코드를 실행해.

None은 '비었음'을 나타내는 파이썬의 키워드야.

```
password = None
while password != "myPassword1234":
    password = input("암호를 입력하세요: ")
    if password != "myPassword1234":
        print("암호가 올바르지 않습니다.")
print("암호가 일치합니다. 환영합니다.")
```

password 변수는 while 루프에서 사용하기 전에 만들어 두어야 해. 이 while 루프는 입력된 암호가 myPassword1234와 같지 않으면 계속 반복돼.

이 조건은 password 변수의 값이 myPassword1234와 같지 않을 때만 print()를 실행해.

print()는 password 변수의 값이 myPassword1234와 같을 때만 실행돼.

출력 예시:

암호를 입력하세요: rememberMe

암호가 올바르지 않습니다.

암호를 입력하세요: CantRemember

암호가 올바르지 않습니다.

암호를 입력하세요: OhNowIDo

암호가 올바르지 않습니다.

암호를 입력하세요: myPassword1234

암호가 일치합니다. 환영합니다.

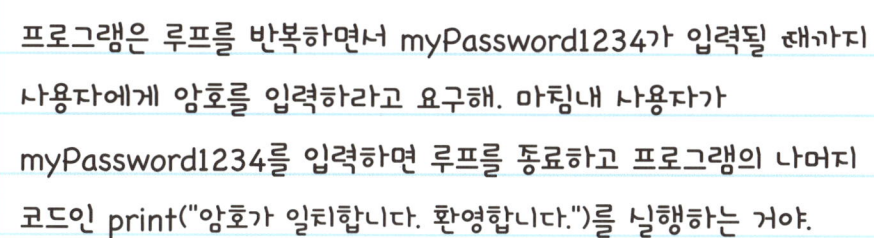

프로그램은 루프를 반복하면서 myPassword1234가 입력될 때까지 사용자에게 암호를 입력하라고 요구해. 마침내 사용자가 myPassword1234를 입력하면 루프를 종료하고 프로그램의 나머지 코드인 print("암호가 일치합니다. 환영합니다.")를 실행하는 거야.

무한 루프

파이썬에서 **무한 루프**(영원히 반복되는 루프)는 거짓이 될 리 없는 불리언 수식이 적용된 while 루프야.

다음은 모두 무한 루프야. 불리언 수식이 거짓으로 판단될 수 없거든.

```
while True:
    print("이 노래는 영원히 끝나지 않아.")
```

```
while 4 > 3:
    print("이 노래는 영원히 끝나지 않아.")
```

```
while "hello" == "hello":
    print("이 노래는 영원히 끝나지 않아.")


while 5 <= 5:
    print("이 노래는 영원히 끝나지 않아.")
```

이들 루프는 조건문이 항상 참이기 때문에 멈추지 않고 영원히 반복돼. print() 함수가 쉬지 않고 자꾸만 출력되는 거지.

무한 루프를 종료하려면 윈도에서는 Ctrl+C, 맥에서는 command+C를 눌러.

때로는 일부러 프로그램의 한 부분에 무한 루프를 작성하기도 해. 예를 들어 비디오 게임은 플레이어가 게임을 진행하는 동안 무한 루프를 사용해 캐릭터의 움직임과 상호 작용을 끊임없이 연출하지. 하지만 대개는 실수로 무한 루프가 만들어지고, 그 결과 컴퓨터가 멈추기도 해. 프로그램이 너무 크거나 처리할 정보가 너무 많아서 컴퓨터가 감당하지 못하는 거야.

중첩 루프

중첩 루프는 루프 안에 다른 루프가 또 사용된 구조야. 훨씬 더 복잡하게 코드를 반복할 때 사용해.

예를 들어 바깥쪽 while 루프에 암호 프로그램을 두고, 안쪽에는 for 루프를 중첩 사용해서 사용자가 입력한 틀린 암호들을 출력해 볼게.

```
password = None
attempts = []
while password != "myPassword1234":
    password = input("암호를 입력하세요: ")
    attempts.append(password)
    if password != "myPassword1234":
        print("암호가 올바르지 않습니다. 다음 암호들을 이미 시도했습니다.")
        for i in attempts:
            print(i)
print("암호가 일치합니다. 환영합니다.")
```

- `attempts = []` → 새 리스트 타입의 변수를 만들고 빈 리스트를 대입해.
- `attempts.append(password)` → 사용자 입력을 attempts 리스트에 덧붙여.
- `for i in attempts:` → attempts 리스트(사용자가 입력한 암호들)의 모든 항목을 출력해.

이 print() 함수는 들여쓰기를 한 번 더 적용해야 해. 그래야 바깥쪽 while 루프가 아니라 중첩된 for 루프의 코드로 처리돼.

1. for 루프와 while 루프의 다른 점은 무엇일까?

2. 항상 참인 조건문을 사용하는 while 루프를 _____ 루프라고 불러.

3. 무한 루프에서 빠져나오려면 어떤 키를 눌러야 할까?

4. 다음 결과를 출력하는 루프를 작성해 보자.

프로그램 이름	프로그램	결과
A		변수 x가 50보다 큰 동안 출력: Go! Go! Go!
B		name 변수가 "현대"와 같은 동안 출력: 안녕, 현대

프로그램 이름	프로그램	결과
C		프로그램이 7에서 11까지 2씩 건너뛰며 세 번 반복
D		프로그램이 5까지 영원히 반복해 세기
E		출력: 얼씨구 얼씨구 우타타 얼씨구 얼씨구 우타타 얼씨구 얼씨구 우타타
F		출력: 1 2 3 4 5
G		출력: 안녕, 친구!

정답

1. for 루프는 정해진 횟수만큼만, while 루프는 조건이 참인 동안만 반복한다.

2. 무한

3. 윈도에서는 Ctrl+C, 맥에서는 command+C

4.

A	`while x > 50:` 　　`print("Go! Go! Go!")`
B	`while name == "현대":` 　　`print("안녕, 현대")`

C	`for i in range(3):`
	　　`for j in range(7, 12, 2):`
	　　　　`print(j)`

D
```
count = True
while count:
    for i in range(1, 6, 1):
        print(i)
```

E
```
For i in range(3):
    for j in range(2):
        print("얼씨구", end=" ")
    print("우타타")
```

F
```
num = 0
while num < 5:
    num = num + 1
    print(num)
```

G
```
while True:
    print("안녕, 친구!")
```

* A~G까지 변수 이름은 사람마다 다를 수 있어.

비법노트 **8**장

조건문

조건문

파이썬의 **조건문**은 항상 if로 시작하고 그 뒤로 불리언 수식과 콜론(:)이 이어져. 조건이 참일 때 실행되는 코드는 다음 행부터 작성할 수 있어.
단, 탭 또는 네 개의 공백으로 들여쓰기를 적용해야 해.

불리언 수식에는 ==, !=, <, >, <=, >=가 있어.

예시: 게임 플레이어가 프로 레벨이 되면 적당한 메시지를 출력하는 프로그램을 만들어 볼게. '스킬 레벨: 프로' 메시지를 출력하는 코드는 xp(경험치)가 90보다 크거나 같을 때만 실행돼. xp가 90보다 작으면 아무 일도 일어나지 않아.

```
xp = 120

if xp >= 90:
    print("스킬 레벨: 프로")
```

if로 시작해.

조건문과 콜론을 붙여.

print() 함수에 들여쓰기를 적용해 XP >= 90이면 실행되는 코드임을 나타내.

'스킬 레벨: 프로'가 출력돼. 120은 90보다 크거든.

else 구문

else 구문은 불리언 수식이 거짓일 때 실행되는 코드야. else 구문을 사용하려면 내 행에 else와 콜론을 입력해. 다시 내 행에서 탭 또는 네 개의 공백만큼 들여쓰기를 적용하고 불리언 수식이 거짓일 때 실행될 코드를 입력해. 예를 들어 xp가 90보다 크거나 같으면 '스킬 레벨: 프로'를 출력하지만, xp가 90보다 작으면 '스킬 레벨: 초보'를 출력하는 거지.

```
xp = 50
if xp >= 90:
    print("스킬 레벨: 프로")
else:
    print("스킬 레벨: 초보")
```

불리언 수식이 거짓일 때 실행되어야 하는 코드가 어디인지 나타내.

실행 결과는 '스킬 레벨: 초보'겠지? xp가 50이고, 90보다 크거나 같다는 조건이 거짓이니까 말이야.

elif 구문

elif는 else 구문과 다른 조건문을 합쳐 추가 정보를 판단할 때 사용해.
elif는 if나 다른 elif 다음에만 사용할 수 있어. elif 옆으로는 불리언 수식과 콜론을 입력해.

아이돌 if와 else의 인스타 아이디가 elif라네!

elif 구문을 적용해 xp 레벨을 새로 추가해 볼게.

첫 번째 조건은 xp가 90보다 크면 '스킬 레벨: 프로'를 출력하는 거야.

그다음에는 xp가 50보다 크거나 같고 90보다 작으면 '스킬 레벨: 중수'를 출력하는 elif 구문을 추가해.

101

xp가 50보다 작으면 else 구문이 '스킬 레벨: 초보'를 출력하는 코드를 실행해.

```
xp = 50
if xp >= 90:
    print("스킬 레벨: 프로")
elif xp >= 50:
    print("스킬 레벨: 중수")
else:
    print("스킬 레벨: 초보")
```

이 프로그램의 순서도를 만들어 보면 조건마다 나뉘는 구조를 쉽게 알 수 있어.

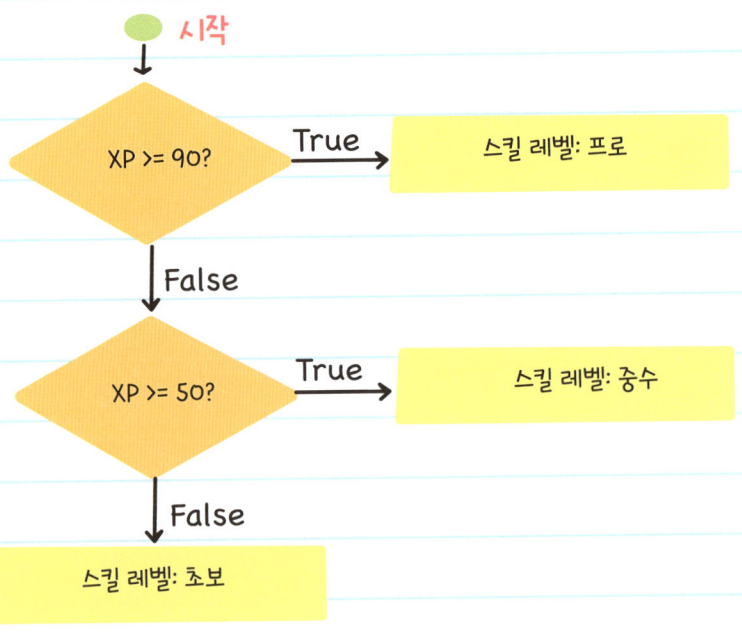

복합 조건문

복합 조건문은 두 개의 불리언 수식이 포함된 조건문을 말해. 게임에서 점수가 50점이 넘고 난이도 설정이 '어려움'이면 플레이어가 보너스 점수를 받는다고 생각해 봐.

논리 연산자는 하나의 불리언 값으로 판단될 수 있는 여러 불리언 수식이나 값을 결합할 때 사용해.

파이썬은 세 가지 논리 연산자를 제공해.

`and` 두 수식이 모두 참일 때만 참이야. 하나만 참이거나 둘 다 거짓이면 전체 조건은 거짓이야.

`or` 두 수식이 모두 거짓일 때만 거짓이야. 하나라도 참이면 전체 조건은 참이야.

`not` 참이나 거짓을 반대로 바꿔 판단해. 참은 거짓이 되고 거짓은 참이 되지.

> 파이썬은 대소문자를 구분해. True와 true는 서로 다른 이름이야. 논리 연산자를 나타내는 키워드는 모두 소문자라는 사실에 유의해야 해.

예시: 플레이어가 가장 어려운 난이도 설정에서 승리하고, xp가 90보다 크면 '넘사벽이군!'이라는 특별 메시지를 출력해 볼게.

복합 조건문은 if로 시작하고, 그 뒤로 논리 연산자인 and로 결합된 두 불리언 수식이 이어져.

```
xp = 150
difficulty = "어려움"

if xp > 90 and difficulty == "어려움":
    print("넘사벽이군!")
```

첫 번째 불리언 수식

두 번째 불리언 수식

오, 보통이 아닌데?

논리 연산자가 어떻게 동작하는지 예를 들어 볼게.

3 < 4 and 6 == 6

True and True: True

4 != 4 and 6 > 2

False and True: False

5 == 5 or 6 < 3

True or False: True

4 > 12 or 7 != 7

False or False: False

not(6 < 13)

True의 반대: False

진리표는 논리 연산자의 결괏값을 한눈에 알기 쉽게 모두 정리해 놓은 표야. and, or, not 논리 연산자의 결괏값을 알아볼까?

and 진리표

불리언 1	and	불리언 2	결과
True	and	True	True
True	and	False	False
False	and	True	False
False	and	False	False

or 진리표

불리언 1	or	불리언 2	결과
True	or	True	True
True	or	False	True
False	or	True	True
False	or	False	False

not 진리표

not	불리언	결과
not	True	False
not	False	True

중첩 조건문

중첩 조건문은 루프 안에 중첩할 수 있어.

중첩 조건문

루프

> **예시:** 게임이 종료되기 전까지 계속 반복되는 게임을 만들어 볼게.
> 이때 게임 플레이는 복합 조건문과 중첩 조건문을 사용해
> 제어할 수 있어.

사용자가 세 글자로 된 단어를 될 수 있는 한 많이 입력해야 하는 게임을 만든다고 생각해 봐. 게임은 사용자가 같은 단어를 다시 입력하면 끝나. 우선 게임의 흐름을 한눈에 쉽게 파악하기 위해 순서도를 작성할게.

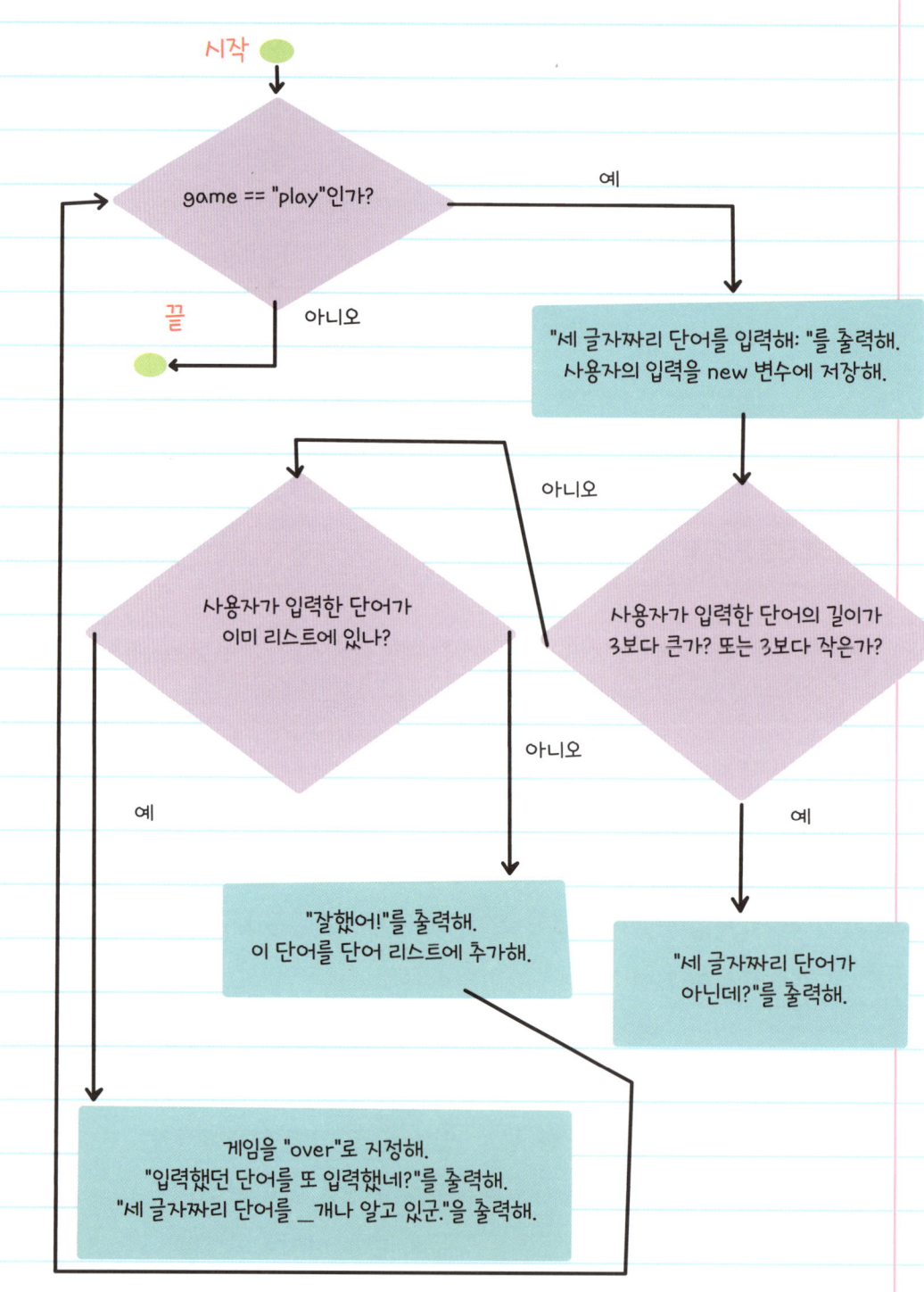

순서도를 참고삼아 이제 프로그램을 만들 수 있어.

```
words = []          ← 빈 리스트인 words를 만들어.

game = "play"
                        게임 진행을 위한 while 루프를 시작해.

while game == "play":
                                        new 변수에 사용자가
                                        입력한 단어를 대입해.

    new = input("세 글자짜리 단어를 입력해: ")

    if len(new) > 3 or len(new) < 3:    ← 입력한 단어가 세 글자인지 판단해.

        print("세 글자짜리 단어가 아닌데?")
                                        입력한 단어가 세 글자가 아니라고 출력해.
    else:
                        입력한 단어가 세 글자일 때 계속 진행해.

        if new in words:
                                입력한 단어가 이미 리스트에
                                있으면 루프를 끝내.

            game = "over"

            print("입력했던 단어를 또 입력했네? 게임 종료.")

            print("세 글자짜리 단어를 ", len(words), "개나 알고 있군.")
```

사용자가 한 번 입력한 단어를 또 입력하면
게임 종료 메시지를 출력해.

리스트에 단어가
모두 몇 개인지 출력해.

```
        else:
            print("잘했어!")  ← 처음 등장한 단어면
                              이 메시지를 출력해.

            words.append(new)  ←
                                  리스트에 추가해.
```

중첩 조건:

단어가 세 글자야. <u>그리고</u> 게임이 계속 진행 중이야.

1. 다음 조건문은 if, if/else, if/elif/else 중 어느 종류인지 말해 보자.

A.
```
if at_dance == True:
    print("오늘 밤은 춤과 함께")
elif busy != True:
    print("클럽에 가자.")
else:
    print("그냥 집에 있어.")
```

B.
```
if hands != "함나":
    print("손을 닦아.")
else:
    print("손을 씻어.")
```

C.
```
if courage > 50:
    print("오늘부터 1일 하자고 해.")
elif courage < 10:
    print("눈을 마주치지 마.")
else:
    print("꽃미소를 날려.")
```

D.	if breath != "향긋" and crush_distance < 10: print("얼른 가서 이 닦아!")

E.	if crush == "극장" or friends == "극장":
	    print("어서 극장에 가.")
	else:
	    print("방구석에서 나오지 마.")

2. 다음 프로그램의 출력 결과는 무엇일까?

A.
```
num = 3
if num >= 3:
    print("3보다 크거나 같군.")
```

B.
```
shape = "정사각형"
if shape == "원":
    print("YOU WIN!")
else:
    print("운도 없네.")
```

C.
```
color1 = "빨강"
color2 = "파랑"
if color1 == "빨강" and color2 == "노랑":
    print("주황")
elif color1 == "빨강" and color2 == "파랑":
    print("자주")
else:
    print("초록")
```

D.
```
fact = not(5 == 4)
print(fact)
```

3. and 논리 연산자가 하는 일은 무엇일까?

4. 다음 복합 조건문의 결과를 True 또는 False로 표시해 보자.
   A. 너는 지구에 살고 있어 and 달에 살고 있어.
   B. 너는 공기로 호흡해 or 물로 호흡해.
   C. not(너는 사람이야.)
   D. 스파이더맨은 현실에 존재해 or 배트맨은 현실에 존재해.

5. 다음 프로그램의 순서도를 만들어 보자.
   A. 사용자에게 <해리 포터> 영화를 볼지 묻는 프로그램. 보겠다면 그리고 나이가 어린 해리 포터를 좋아한다면 시리즈 중 1편이나 2편을 추천하고, 그렇지 않다면 3편에서 7편을 추천해.
   B. 사용자에게 모자를 좋아하는지 묻는 프로그램. 좋아하지 않는다면 선바이저를 추천해. 좋아한다면 그리고 평범한 모자를 좋아한다면 야구 모자를 추천하고, 그렇지 않다면 중절모를 추천해.
   C. 사용자에게 멍때리기를 좋아하는지 묻는 프로그램. 좋아한다면 아무것도 하지 말라고 추천해. 좋아하지 않는다면 독서를 좋아하냐고 다시 물어. 좋아한다면 그리고 무척 좋아한다면 소설을 추천하고, 그렇지 않다면 잡지를 추천해.

6. 다음 순서도에 해당하는 프로그램을 작성해 보자.

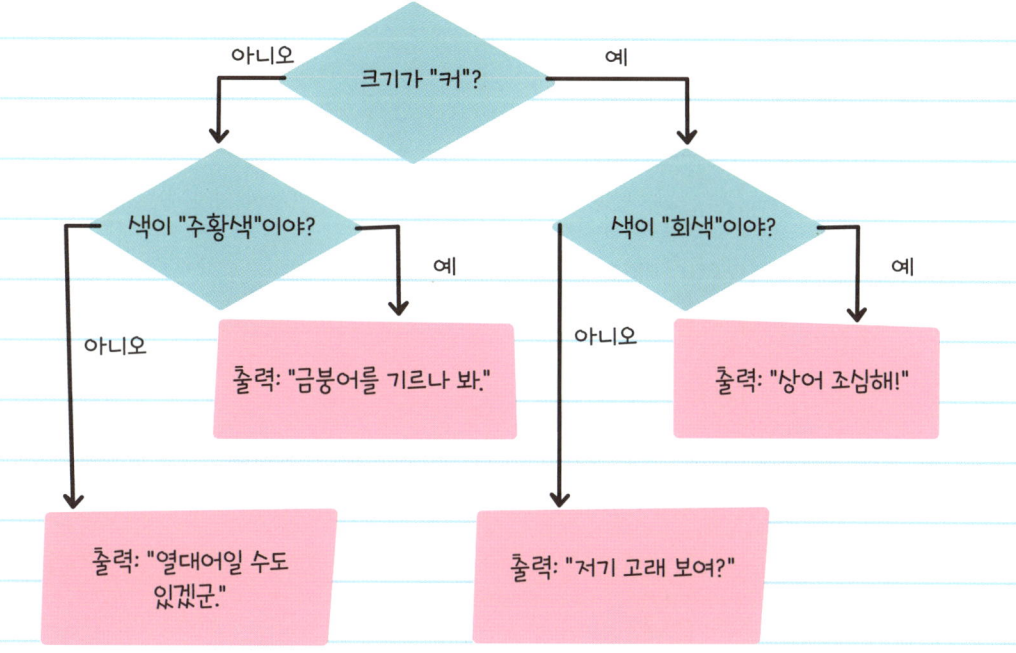

7. 6번 퀴즈에서 크기 변수가 "작아" 값을 가진다면, 그리고 색 변수가 "주황색" 값을 가진다면 프로그램은 무엇을 출력할까?

정답

1.

A.	if/elif/else
B.	if/else
C.	if/elif/else
D.	if
E.	if/else

2.

A.	3보다 크거나 같군.
B.	운도 없네.
C.	자주
D.	True

3. and 연산자는 두 개의 불리언 수식을 합쳐 복합 조건문을 만든다. 두 개의 불리언 수식 모두 참일 때만 참이 된다.

4. A. False
   B. True
   C. False
   D. False

5. A.

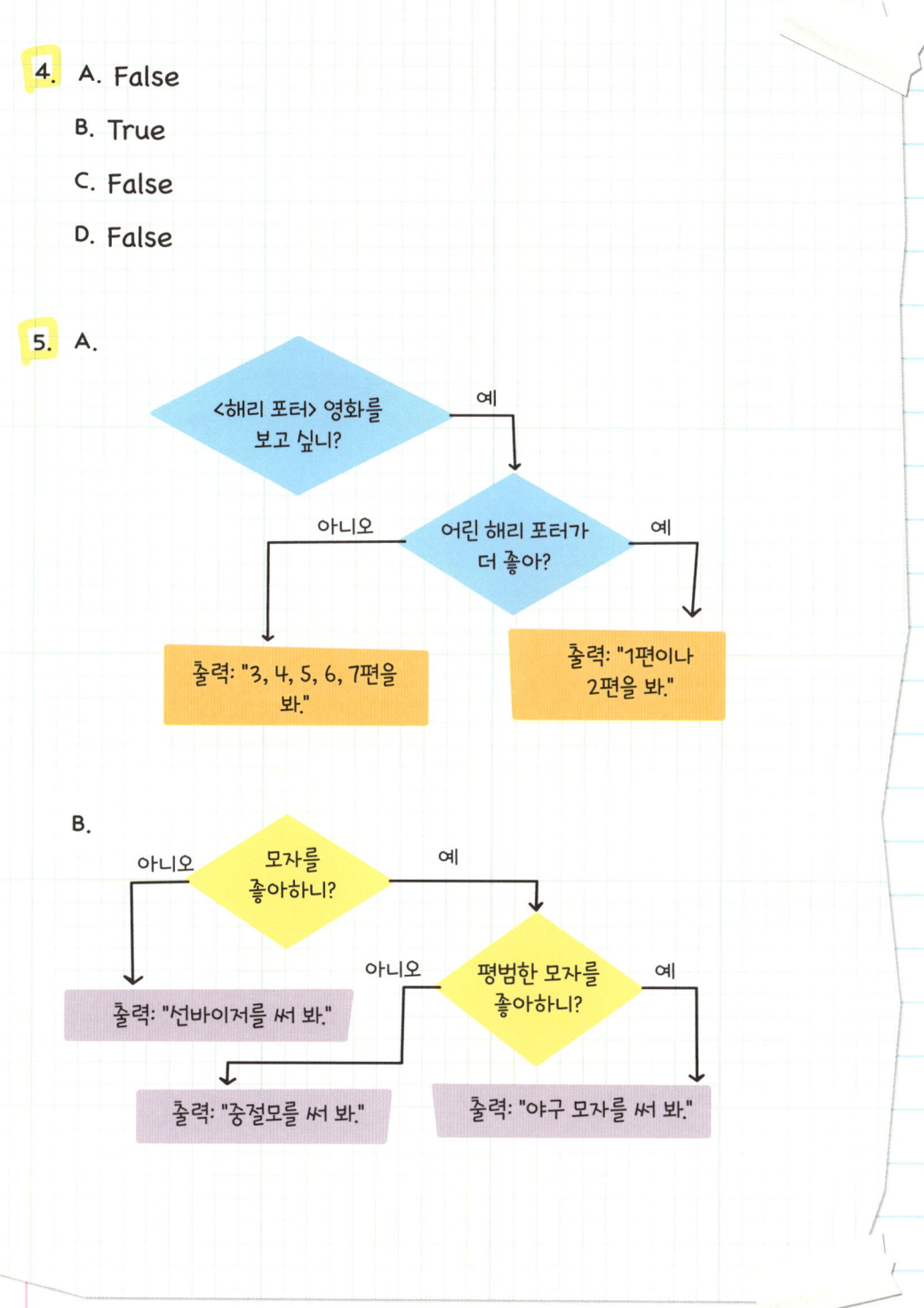

c.

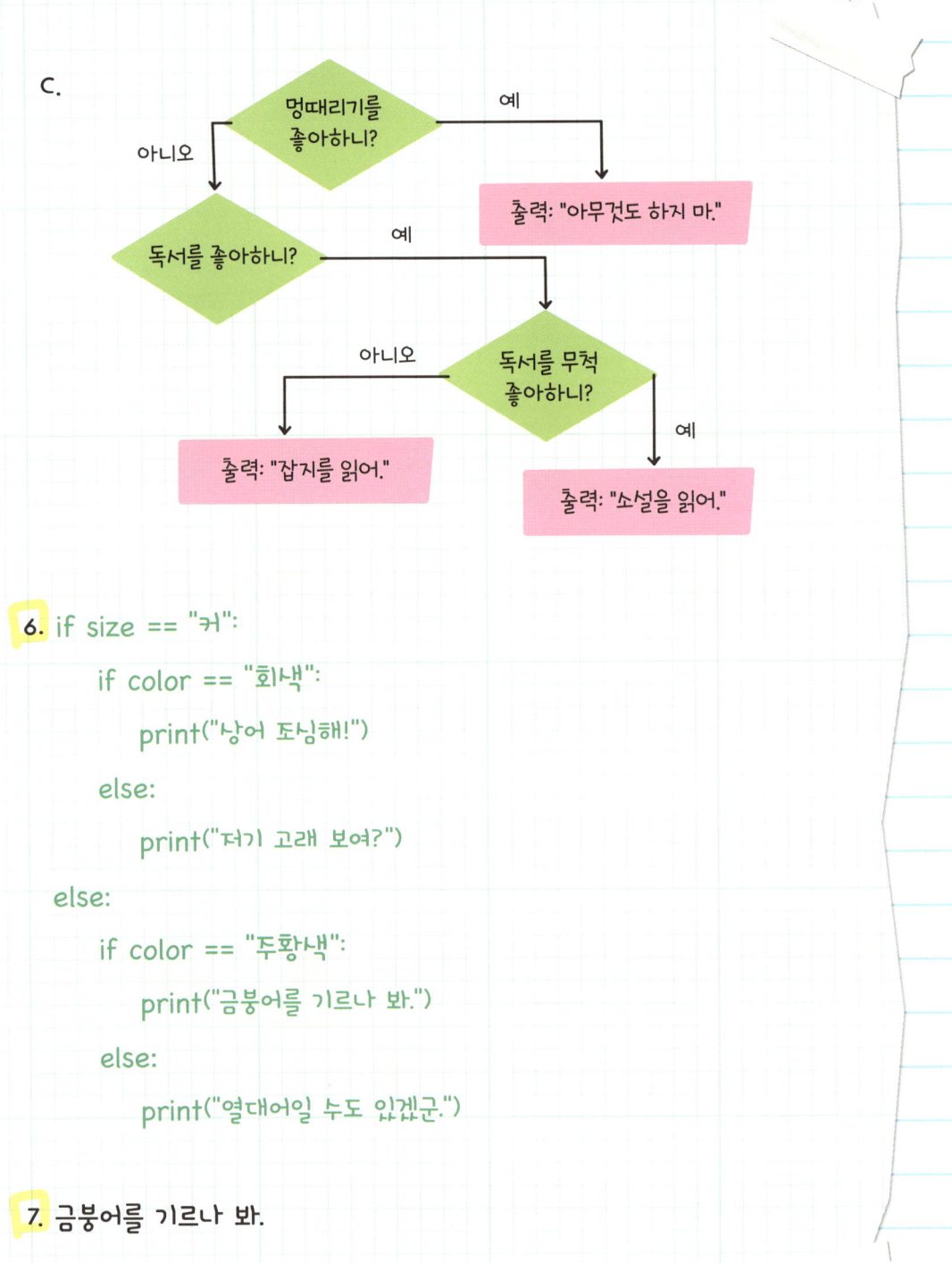

6. if size == "커":
       if color == "회색":
           print("상어 조심해!")
       else:
           print("저기 고래 보여?")
   else:
       if color == "주황색":
           print("금붕어를 기르나 봐.")
       else:
           print("열대어일 수도 있겠군.")

7. 금붕어를 기르나 봐.

비법노트 9장

> 라이브러리의 일종

함수는 더 큰 프로그램을 만들 때 사용하는 코드 블록이야. **모듈**을 코드로 가지고 오면 파이썬에서 미리 만들어 놓은 다양한 함수를 사용할 수 있어.

함수와 **프러시저**는 거의 같다고 할 수 있어. 파이썬에서는 프러시저도 쓰지만 함수가 더 일반적인 표현이야.

터틀 그래픽

터틀 모듈에는 화면을 그림판처럼 바꿔서 다양한 그래픽을 구현하는 함수들이 한가득이야.

라이브러리는 미리 작성해 둔 함수와 코드 모음이야. 필요할 때 프로그램으로 가져올 수 있지.

119

모듈 가져오기

터틀 모듈을 프로그램으로 가져올 때는 import 명령을 사용해. 우선 맨 앞에 from을 두고 그 뒤로 모듈의 이름을 입력해. 그다음 import를 입력해. 어떤 모듈(여기서는 turtle)에서 가져오겠다는 뜻이야.

import 다음에는 모듈에서 가져올 특정 함수를 지정할 수 있어. 모듈에 제공되는 모든 함수를 가져오려면 * 기호를 입력해.

```
from turtle import *
```

- import 키워드
- 모듈 이름
- '모두'를 의미해.

이 코드는 turtle 모듈에서 모든 함수를 가져오라는 뜻이야.

터틀 움직이기

터틀 모듈을 가져온 후에는 터틀의 함수들을 사용해 터틀을 화면 이곳저곳으로 움직일 수 있어. 처음 시작할 때 터틀은 화면 오른쪽을 향하고 있지. 우선 터틀을 앞뒤로 움직이는 것부터 해 볼까? 앞으로(forward) 또는 뒤로(backward) 함수를 사용해야 해.

> 터틀의 기본 모양은 오른쪽을 바라보는 삼각형이야.

예시: 터틀을 화면에서 앞으로 100**픽셀**만큼 움직여 볼게. 다음 함수가 필요해.

'거리'를 나타내는 매개변수

forward(100)

함수

실제 코드는 다음과 같아.

```
from turtle import *
forward(100)
```

이 함수는 새 창을 열고 터틀을 앞으로(왼쪽에서 오른쪽으로) 100픽셀만큼 움직여. 오른쪽 끝에 보이는 삼각형이 터틀이야.

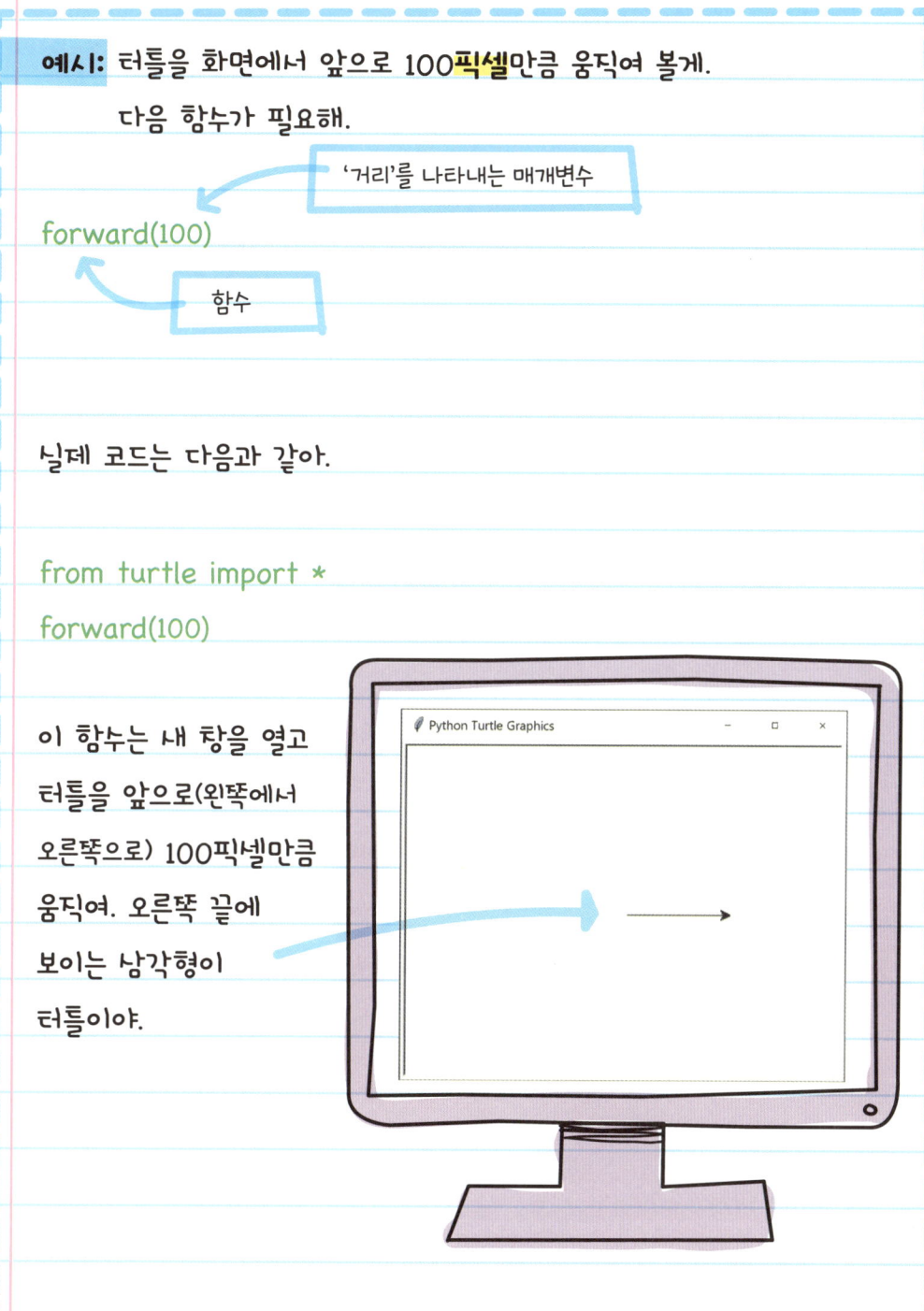

> **픽셀**
> picture element의 줄임말로, '화소'라고도 하며 화면의 점 하나를 의미해. 수많은 픽셀이 모여 컴퓨터 화면에 이미지가 표시되는 거야.

left()와 right() 함수는 터틀을 각각 왼쪽과 오른쪽으로 회전시켜. 이때 회전 기준은 터틀의 현재 방향이야. 두 함수 모두 회전할 각도가 매개변수로 필요해.

예시: 터틀을 왼쪽으로 90도 회전시켜 볼게.

'각도'를 나타내는 매개변수

left(90)

함수

터틀 함수는 파이썬의 다른 구조와 함께 얼마든지 사용할 수 있어.

예시: 루프를 사용해 그림을 그려 볼게. forward()와 right() 함수를 for 루프로 여섯 번 반복해 육각형을 그릴 거야.

```
from turtle import *
for j in range(6):
    forward(70)
    right(60)
```

이 코드는 다음 명령을 여섯 번 반복하라는 뜻이야. 앞으로 70픽셀 움직인 후 오른쪽으로 60도 회전해.

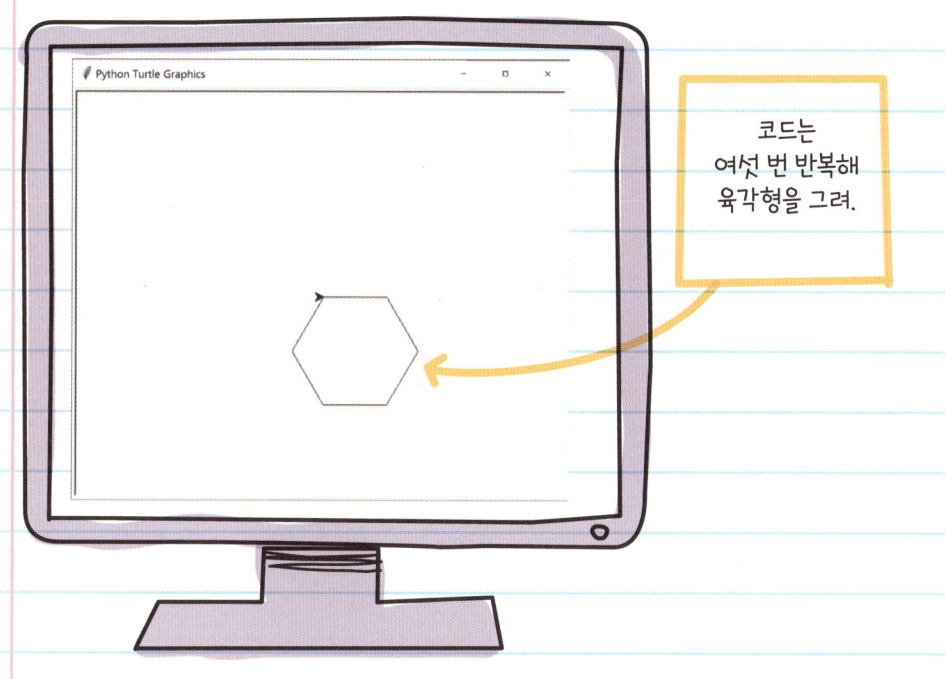

코드는
여섯 번 반복해
육각형을 그려.

육각형 루프를 다른 루프에 중첩할 수도 있겠지? 그 루프는 안쪽의 육각형 루프가 끝나면, 그러니까 육각형이 그려지면 5도를 회전하는 거야. 바깥쪽 루프를 모두 72번 회전하면(5x72=360), 육각형을 5도씩 회전해 72개를 그리게 되지.

```
from turtle import *
for i in range(72)
    for j in range(6):
        forward(70)
        right(60)
    right(5)
```

다음은 프로그램이 실행된 결과야.

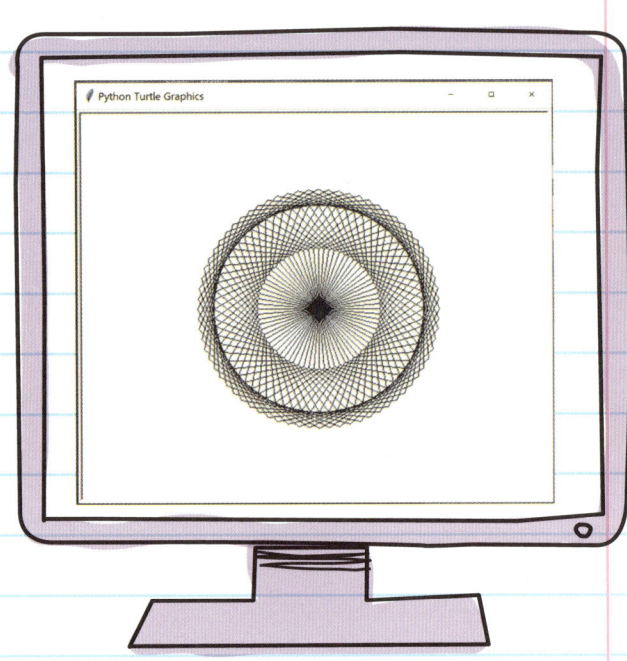

자주 사용되는 터틀 함수

터틀 모듈은 흥미로운 그래픽을 구현하기 위한 다양한 함수를 제공해.

함수	설명
forward()	터틀을 앞으로 움직여. 매개변수는 움직일 픽셀 수야.
backward()	터틀을 뒤로 움직여. 매개변수는 움직일 픽셀 수야.
right()	터틀을 시계 방향으로 회전해. 매개변수는 회전할 각도야.
left()	터틀을 반시계 방향으로 회전해. 매개변수는 회전할 각도야.
penup()	터틀의 펜을 들어 올려. 더 이상 선을 그리지 않는다는 뜻이야. 매개변수는 없어.

함수	설명
pendown()	터틀의 펜을 내려. 이제부터 선을 그릴 수 있어. 매개변수는 없어.
pencolor()	펜의 색을 바꿔. 매개변수는 색 이름이야.
heading()	터틀의 현재 방향을 내놔. 터틀이 어느 쪽을 향하고 있는지 알아야 할 때 유용해. 매개변수는 없어.
position()	터틀의 현재 x좌표와 y좌표를 내놔. 터틀이 화면에서 어느 곳에 있는 알아야 할 때 유용해. 매개변수는 없어.
goto()	터틀을 지정 위치로 움직여. 매개변수는 x좌표와 y좌표야.
fillcolor()	도형을 색칠할 색을 정해. 매개변수 종류는 색 이름이야.
begin_fill()	색칠할 시작 위치를 기억해. 색칠할 도형이 그려지기 전에 사용해. 매개변수는 없어.
end_fill()	현재 색으로 도형을 색칠해. 색칠할 도형이 그려진 후에 사용해. 매개변수는 없어.
dot()	현재 위치에서 점을 그려. 매개변수는 없어.
stamp()	터틀의 모양을 화면에 도장 찍듯 복사해. 매개변수는 없어.
shape()	터틀의 모양을 바꿔. 매개변수는 "arrow", "classic", "turtle", "circle", "square" 등이야.

매개변수를 사용하지 않는 함수도 있지만 괄호는 관습상 함께 표기해.

함수

같은 코드를 여기저기서 반복해 사용해야 한다면, 함수를 직접 만들어서 사용하는 것이 최선이야. 내 함수를 만드는 것을 **함수를 정의한다**고 말해.

함수를 정의하려면 다음 형식을 따라야 해.

정의(define)를 나타내는 def로 시작해.

```
def functionName():
    print("hello")
```

함수의 이름을 정해(변수 이름을 붙일 때와 규칙이 같아). 그리고 괄호와 콜론을 입력해.

들여쓰기에 따라 코드를 입력해.

함수를 호출한다는 것은 정의해 둔 함수를 사용한다는 뜻이야. 함수를 호출하면 파이썬은 그 함수의 정의를 찾아 해당 코드를 실행해.

정의한 함수만 호출할 수 있어.
함수를 호출하려면 다음 형식을
사용해.

함수의 이름

functionName()

괄호

함수를 호출할 때마다 프로그램은 함수가
정의한 곳으로 점프하고 함수의 몸체에
추가된 코드를 모두 실행한 후에 다시 원래
자리로 돌아와. 함수를 호출할 때 떠난 바로
그 자리로 말이야.

> 함수의 **몸체**는
> 함수의 정의에서
> 들여쓰기가 적용된
> 행들이야. 함수를
> 호출하면 이 행들이
> 실행되는 거야.

```
def functionName():
    ••• •• •••
    ••• •• •••
    ••• •• •••
    ••• •• •••
functionName()
••• •• •••
••• •• •••
```

127

'Hello, World!'라고 말하는 함수를 예로 들어 볼게.

함수를 정의해.

```
def hello():
    print("Hello, World!")
hello()
```

함수의 몸체, 즉 실행될 코드

hello( ) 함수를 호출해.

출력 결과: Hello, World!

매개변수와 내주는 값

매개변수와 변수는 둘 다 정보를 저장한다는 점에서 비슷해. 하지만 **매개변수**는 함수 밖에서 사용할 수 없다는 점이 그냥 변수와 달라. 한마디로 매개변수는 사용자의 입력 데이터야. 함수는 자신의 코드에서만 매개변수를 사용할 수 있어. 함수의 매개변수가 함수 안에서만 인식되기 때문이지.

예시: 미터를 피트로 바꾸는 함수를 생각해 봐. 이 변환 함수 안에서 미터 매개변수에 3.281(1미터는 3.281피트)을 곱해 피트를 구할 수 있어.

```
def convert(meters):
    feet = meters * 3.281
    return feet

convert(1)
```

- 함수의 정의
- 매개변수 이름
- 매개변수를 변수처럼 사용해.
- 매개변수를 지정해서 함수를 호출해야 해. 여기서는 1이지.

함수 밖에서 미터 매개변수를 사용하려고 하면 오류와 마주하게 될 거야.

```
def convert(meters):
    feet = meters * 3.281
    return feet

convert(3)
print(meters)

NameError: name "meters" is not defined
```

- 함수 정의는 여기서 끝나.
- meters는 함수 정의 밖에서 사용되었기 때문에 오류를 일으켜.

함수가 **내주는 값**은 함수에서 메인 프로그램으로 다시 전달하는 정보야. 함수의 출력이지. 정보를 함수 밖으로 전달하려면 return을 입력하고 그다음에 출력 데이터를 지정해.

> 내주는 값 = 함수의 출력

```
def convert(meters):
    feet = meters * 3.281
    return feet
```
← 함수가 실행될 때마다 피트 값을 내줘.

> convert 함수의 정의에 따라 이 함수는 실행될 때마다 피트를 계산해 내줄 거야.

convert(5)는 16.405(5 * 3.281)를 내줘.
convert(234)는 767.754(234 * 3.281)를 내줘.
convert(5,234)는 17,172.754(5,234 * 3.281)를 내줘.

내주는 값을 출력하려면 print()에 convert 함수 호출을 넣어 사용해야 해.

print(convert(1))
   └─ 함수 호출 ─┘

출력 결과: 3.281

함수 호출 주위로 텍스트를 넣어 출력을 다듬을 수도 있어.

print("3미터 = ", convert(3), "피트")

출력 결과:
3미터 = 9.843 피트

매개변수의 값을 조금씩 바꿔 가며 코드를 반복할 수도 있어. 예를 들어 단어 게임 프로그램에서 "좋아하는 색을 입력해: "나 "좋아하는 음식을 입력해: " 등을 일일이 입력하지 않고, 다음처럼 함수에게 질문을 대신 만들라고 시키는 거야.

> words 변수를 만들고 빈 리스트를 대입해.

```
words = []
```

> prompt라는 새 함수를 정의해.

```
def prompt(kind):
```

> 사용자가 입력할 단어의 종류

```
    ask = "좋아하는 " + kind + "을 입력해: "
```

> 사용자에게 단어를 입력하라고 요구해.

```
    word = input(ask)
```

> word 변수에는 사용자의 입력을 대입해.

```
    words.append(word)
```

> word의 값이 words 리스트에 추가돼.

prompt("색") ← 사용자가 입력할 단어의 종류

prompt("과목")

prompt("음악") 몇 번이든 prompt 함수를 호출할 수 있어.
호출할 때마다 매개변수를 바꿔 가며
prompt("음식") 다른 단어를 요구할 수 있지.

prompt("걸그룹")

prompt("보이그룹")

사용자가 입력한 단어 목록을 단어 게임에 넣으면, 다음처럼 완성된 이야기가 출력될 거야.

print("안녕, 나를 소개할게. 내가 좋아하는 색은 " + words[0] + "(이)야.", "나는 " + words[1] + " 과목을 제일 좋아해. 나는 " + words[2] + " 음악을 들으며 " + words[3] + "을(를) 먹을 때가 제일 행복해.", "내가 제일 좋아하는 아이돌은 " + words[4] + "와 " + words[5] + "(이)야.")

1. 터틀 모듈의 모든 함수를 파이썬 프로그램으로 가져오는 방법은 무언일까?

2. 터틀을 앞으로 45픽셀만큼 움직이고, 오른쪽으로 30도 회전하려면 각각 실행해야 할 코드는 무언일까? 단, 터틀 모듈은 이미 가져왔다.

3. 함수를 호출한다는 의미는 무언일까?

4. 내 함수를 만들 때는 내 함수를 _____ 해야 해.

5. 함수에 정보를 전달할 때는 _____ 을(를) 사용해.

6. 함수에서 메인 프로그램으로 정보를 전달할 때는 _____ 을(를) 사용해.

7. 다음 프로그램에서 잘못된 점은 무언일까?

```
def distance (laps):
    meters = laps * 100
    return meters
print(laps)
```

8. 함수를 정의한 후 사용하려면 함수를 _____해야 해. 이때 필요하다면 _____을(를) 지정해야 하지.

9. 다음 함수가 내주는 값은 무엇일까?

이름	코드	내주는 값

A	`name = "Max"`
	`def hello_you(person):`
	  `sentence = "Hello " + person`
	  `return sentence`
	
	`hello_you("Max")`	

B	`def plotter(x, y):`
	  `instructions = str(x) +`
	    `" 지점과 " + str(y) + " 지점 사이의 경로를 그려."`
	  `return instructions`
	
	`plotter(3, 5)`	

이름	코드	내주는 값
| C | ```
def absolute_value(num):
    if num >= 0:
        return num
    else:
        return num * -1

absolute_value(-4)
``` | |
| D | ```
def favorite(category, thing):
    sentence = "My favorite " + category + " is the " + thing
    return sentence

favorite("snake", "Python")
``` | |

정답

1. from turtle import *

2. forward(45)
   right(30)

3. 함수를 호출한다는 것은 함수를 사용한다는 뜻이다. 함수를 호출하면 파이썬은 그 함수의 정의를 찾아 해당 코드를 실행한다.

4. 정의

5. 매개변수

6. return

7. laps 매개변수가 함수 정의 밖에서 사용되었다.

8. 호출, 매개변수

9.

A.	Hello Max
B.	3 지점과 5 지점 사이의 경로를 그려.
C.	4
D.	'My favorite snake is the Python'

비법노트 **10**장

인터넷이란 무엇일까?

컴퓨터 네트워크

네트워크는 서로 연결된 컴퓨터들을 말해. 가족이 가지고 있는 컴퓨터나 스마트폰 등은 전부 홈 네트워크의 일부분이야. 새로 구입한 태블릿에 와이파이 비밀번호를 입력하면 이 태블릿도 홈 네트워크에 함께 추가되는 거지.

네트워크
서로 연결되어 정보와 자원을 공유하는 컴퓨터들

같은 네트워크의 장치들은 서로 정보와 자원을 공유해. 예를 들어 카페의 무선 네트워크에 연결된 컴퓨터들은 모두 인터넷 연결을 공유하지. 그리고 가족 누구나 스마트폰으로 거실의 텔레비전을 조작할 수도 있어.

근거리 통신망

흔히 '랜'이라고 부르는 **근거리 통신망(Local Area Network)**은 가까운 곳에 있는 컴퓨터들로 구성된 네트워크야. 랜은 홈 네트워크처럼 몇 대의 장치만으로도 구성할 수 있고 학교나 병원에서처럼 수백 대를 서로 연결할 수도 있어. 대학처럼 대규모 조직이나 단체에서는 여러 랜을 함께 구성하기도 해(예: 건물마다 다른 랜).

> **완(Wide Area Network)**이라고 부르는 광역 통신망은 원거리에서 연결된 랜으로 구성돼. 다시 말해 한 국가나 전 세계 여러 곳을 연결하는 네트워크야. 완은 수천 대, 심지어는 수백만 대의 장치가 연결돼.

랜에서 통신하기

네트워크의 컴퓨터들은 **이더넷**(유선) 또는 **무선**으로 통신해.

이더넷은 1970년대에 개발되었어. 이더넷은 한마디로 케이블을 사용해 실제로 장치들을 어떻게 연결해야 하는지를 정의한 **프로토콜**이야.

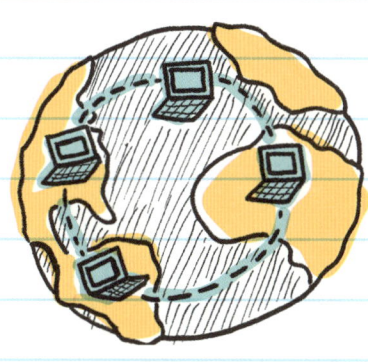

> **프로토콜**
> 표준화한 규칙들

무선은 1990년대 말에 개발되었어. 무선은 연결된 장치에 정보를 보낼 때 전파를 사용하기 위해 정의한 프로토콜이야.

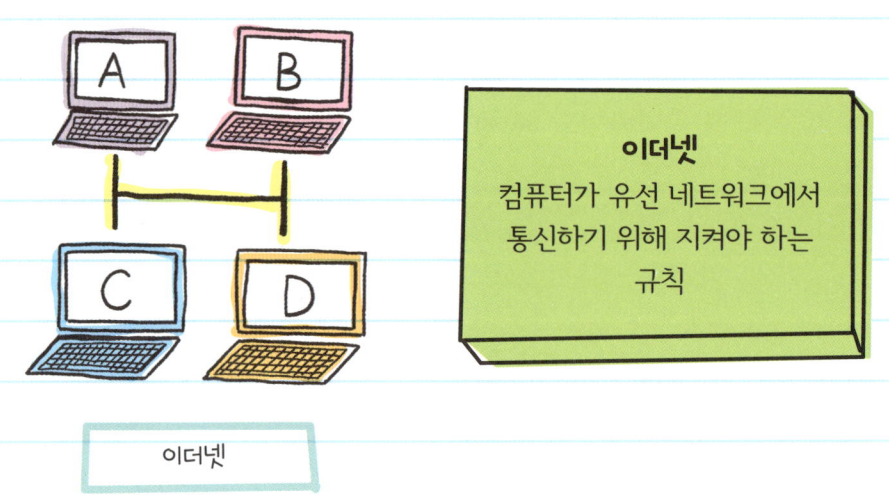

이더넷

무선

와이파이는 무선으로 네트워크를 구성하기 위한 대중적인 방식이야. 이 용어는 고품질 오디오를 의미하는 'high fidelity'에서 유래된 'Wireless Fidelity'의 줄임말로 알려져 있어.

인터넷

인터넷은 전 세계적으로 연결된 컴퓨터 네트워크 시스템이야. 작은 네트워크들이 모인 거대한 네트워크인 거지. 집에서 사용하는 가족들의 스마트폰과 컴퓨터를 비롯한 각종 장치가 인터넷 연결을 공유하는 홈 컴퓨터 네트워크의 일부분이라고 할 수 있어.

요즘에는 어디에 가나 자체 네트워크를 볼 수 있어. 학교나 카페, 심지어 대형 쇼핑몰도 언제나 인터넷에 연결할 수 있는 네트워크가 구성되어 있어.

홈 네트워크 　　　 인터넷

안녕

웹의 역사

현대적인 인터넷은 1990년 초에 시작되었어. '팀 버너스-리'가 '월드 와이드 웹'에 필요한 도구와 프레임워크(틀)를 만들었어. 몇 달 만에 그는 다음 것들을 세상에 내놓았지.

- 최초의 웹 브라우저로, 원래 이름은 WorldWideWeb이었고, 나중에 Nexus로 바뀌었어. 지금 우리는 크롬과 사파리, 마이크로소프트 엣지 등 다양한 브라우저를 사용하고 있어.

- 하이퍼텍스트 마크업 언어(HTML)는 웹 사이트의 구조를 만들 때 사용하는 언어야.

- 하이퍼텍스트 전송 프로토콜(HTTP)은 인터넷으로 정보를 전송하는 주요 방식이야. 웹 브라우저는 웹 사이트가 저장된 컴퓨터들과 통신할 때 HTTP를 이용해.

월드 와이드 웹은 새로운 정보화 시대를 열었어. 지금은 셀 수 없이 많은 장치와 앱이 인터넷에 연결되어 있어.

인터넷으로 정보 전송하기

인터넷에서 음악을 휴대폰으로 다운로드할 때는 파일이 너무 크기 때문에 노래를 한 번에 받을 수 없어. 그래서 노래 한 곡을 **패킷**이라는 작은 단위로 쪼개서 따로 받은 뒤 휴대폰에서 하나로 합치는 방식이 사용돼. 패킷마다 목적지 주소와 번호가 저장되어 있기 때문에 이 정보에 따라 목적지, 즉 휴대폰에 모두 전송되면 정해진 순서에 따라 재조립되는 거야.

패킷
네트워크에서 바이너리 코드로 전송되는 정보 조각

IP 주소는 패킷의 목적지라고 할 수 있어. 어느 것과도 겹치지 않는 고유 주소야. 네트워크나 인터넷에서 장치의 이름표와 비슷해.

IP(인터넷 프로토콜)
인터넷에서 정보를 전송하기 위한 규칙

컴퓨터는 예외 없이 맥(MAC, Media Access Control) 주소를 가지고 있어. 이 주소는 열여섯 개의 숫자와 글자로 구성되어 제조업체와 모델을 나타내.

145

모든 장치는 고유 IP 주소를 가지고 있어. IP 주소는 **인터넷 서비스 제공자**가 새로 지정할 수 있어.

> **인터넷 서비스 제공자**
> 인터넷 접속 서비스를
> 제공하는 회사

인터넷 웹 서핑

인터넷 ≠ 월드 와이드 웹

인터넷은 장치들이 연결된 네트워크야.
우리는 인터넷에서 웹 사이트를 찾아 방문하지.

월드 와이드 웹, 줄여서 웹은
인터넷으로 연결된 웹 사이트들이야. 웹은 우리가
보고, 읽고, 듣고, 스트리밍을 받고, 다운로드할 수 있는 **콘텐츠**라고
할 수 있어. 웹 사이트는 대부분 자신과 다른 웹 사이트로 연결할 수
있는 링크를 가지고 있어. 이 링크를 그림으로 그린다면 전 세계
웹 사이트를 거미줄처럼 엮은 모습이 될 거야.

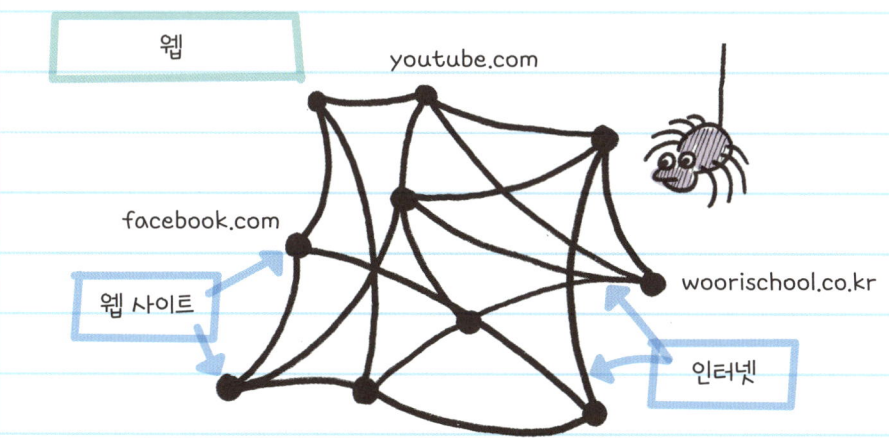

컴퓨터에서 웹 사이트를 열면 웹 사이트를 구성하는 **HTML 파일**의 복사본이 컴퓨터에 임시로 다운로드돼.

HTML은 'HyperText Markup Language(하이퍼텍스트 표시용 언어)'의 줄임말로, 웹 사이트를 만들 때 사용해. '하이퍼텍스트'는 링크를 통해 다른 웹 사이트로 이동할 수 있다는 뜻이야. 웹 사이트들은 인터넷으로 서로 연결되어 있기 때문에 HTML을 사용해 한 사이트에서 다른 사이트로 점프할 수 있거든.

모든 웹 사이트는 컴퓨터에 저장되어 있어. 웹 브라우저에서 웹 사이트에 접속하면 그 콘텐츠의 복사본을 보내 달라고 웹 사이트가 저장된 컴퓨터에 말하는 거야. 웹 사이트가 저장된 이 컴퓨터를 **호스트**라고 해.

"president.go.kr를 볼 수 있나요?"

사용자의 컴퓨터   호스트

"물론이에요! 여기 복사본 가져가세요."

호스트는 일반 컴퓨터일 수도 있지만 흔히 **서버**라고 하는 특별한 컴퓨터가 대부분이야. 서버는 저장 공간이 어마어마하고, 빠른 인터넷 연결망에서 특별한 소프트웨어를 실행해. 웹 사이트의 모든 정보를 쉽게 저장하기 위해서지.

사용자의 컴퓨터는 **HTTP**라는 규칙에
따라 웹 사이트를 다운로드해.
웹 사이트의 주소는 HTTP 또는
HTTPS로 시작해(HTTPS는
HTTP보다 보안 능력이 우수해).
HTTP는 모든 웹 사이트가 인터넷으로
전송하는 주요 방식이야.

> **HTTP(HyperText Transfer Protocol)**
> 웹 콘텐츠를 공유하기 위한 규칙이야. 웹 브라우저는 HTTP에 따라 서버와 통신해.

> **HTTPS(HyperText Transfer Protocol Secure)**
> HTTP와 같은 정보를 공유하지만 전송하는 모든 데이터를 암호화해 보안을 강화한 것

예시: 서버에서 브라우저로 보내는 상태 코드들도 HTTP의 일부야.
상태 코드는 서버에서 무슨 일이 일어나는지를 나타내.
404 Not Found가 한 가지 예야.
404 Not Found 코드는 브라우저가 요구한 웹 사이트를
찾을 수 없다는 뜻이야.

웹 사이트는 어디에 있을까

인터넷의 모든 웹 사이트는 일종의 주소인 URL(Uniform Resource Locator)을 가지고 있어.

사용자가 웹 사이트에 접속하려면 컴퓨터는 어느 서버가 그 웹 사이트를 저장하고 있는지 알아내야 해. 웹 주소를 브라우저에 입력하면 컴퓨터는 우선 DNS 서버에 웹 사이트를 호스팅하는(웹 사이트가 저장된) 서버의

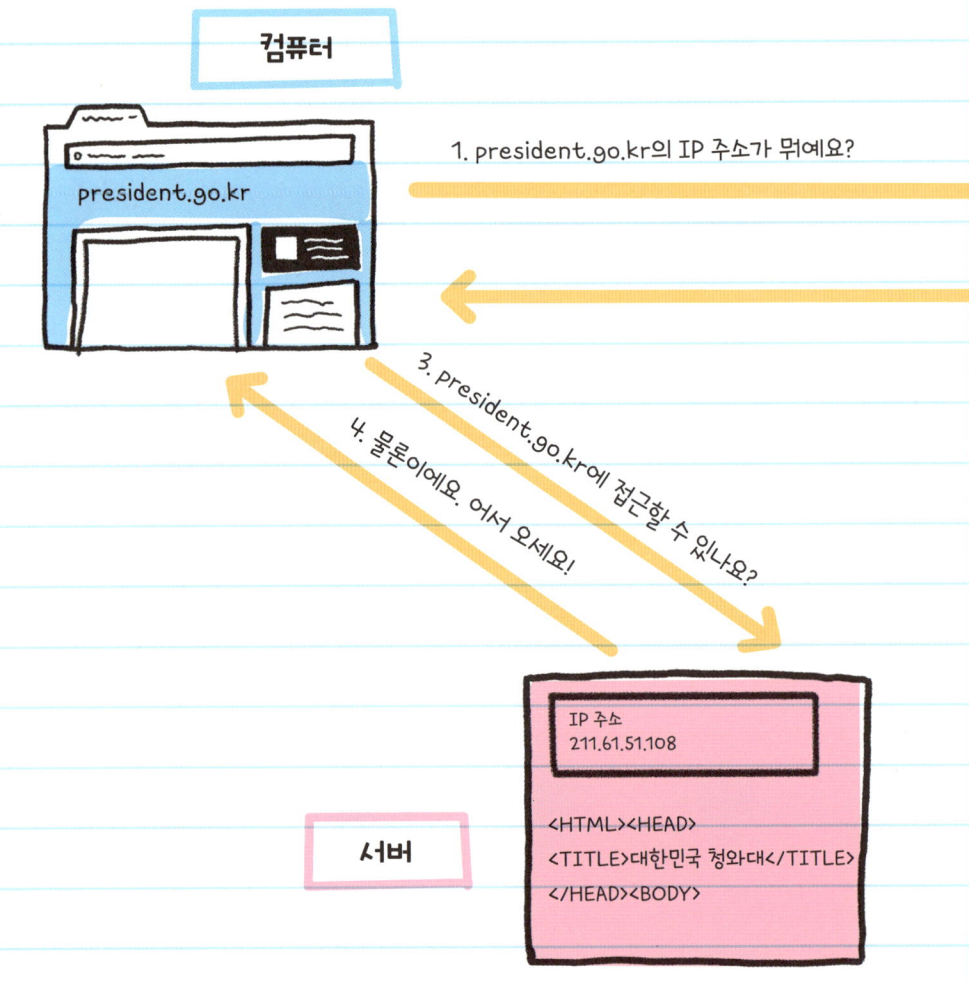

IP 주소를 찾아 달라고 요청해. 컴퓨터는 이 IP 주소로 웹 사이트 서버를 찾아 콘텐츠를 구성하는 HTML 파일들에 접근하겠다고 요청하지. 이 모든 과정이 1초도 안 되는 시간에 일어나.

DNS(Domain Name System)
웹 사이트의 URL을 IP 주소로 변환하는 정보가 담긴 데이터베이스

DNS 서버

2. 211.61.51.108이에요.

DNS 서버는 휴대폰에 저장된 연락처라고 생각하면 돼. 연락처에서 친구를 찾아 선택하면 휴대폰은 이 친구의 번호로 전화를 걸지. 우리가 친구의 전화번호를 기억하지 않아도 되는 것처럼 웹 사이트의 IP 주소도 기억할 필요 없어. 하지만 친구의 전화번호를 직접 입력해 전화를 걸 수 있는 것처럼 웹 사이트에도 IP 주소를 직접 입력해 접속할 수 있어.

인기가 많은 웹 사이트들은 전 세계 여러 곳에 서버를 두고 호스팅을 해. 그래야 접속자가 한꺼번에 몰려와도 사이트가 빠르고 부드럽게 실행돼. 게다가 어느 한 서버가 멈추더라도 웹 사이트가 중단되는 걸 미리 막을 수 있어. 사용자들은 대부분 가장 가까운 서버로 연결되거든.

> 매 순간 수백만 명이 인터넷에서 온갖 종류의 정보를 찾아. 그렇기 때문에 인터넷은 체계적인 구조를 유지하기 위해 프로토콜이 필요한 거야.

TCP

컴퓨터가 호스트 서버에 연결되면 서버는 그때부터 **TCP(Transmission Control Protocol)**라는 규칙을 지켜. 장치들은 웹 사이트나 사진, 동영상 등 모든 정보를 이 TCP에 따라 전송받아.

> **TCP**
> 컴퓨터가 인터넷으로 정보를 전송받을 때 사용하는 규칙

예시: 컴퓨터에서 웹 사이트가 로드될 때 서버는 웹 사이트 정보를 작은 패킷으로 컴퓨터에 전송해. 대부분은 불안정한 연결 때문에 만일 패킷이 전송 도중 없어지면 웹 브라우저는 없어진 패킷을 보내 달라는 내 요청을 보내. 이때 패킷을 받아 전체 사이트가 로드될 때까지 패킷 재전송 요청은 계속 반복돼.

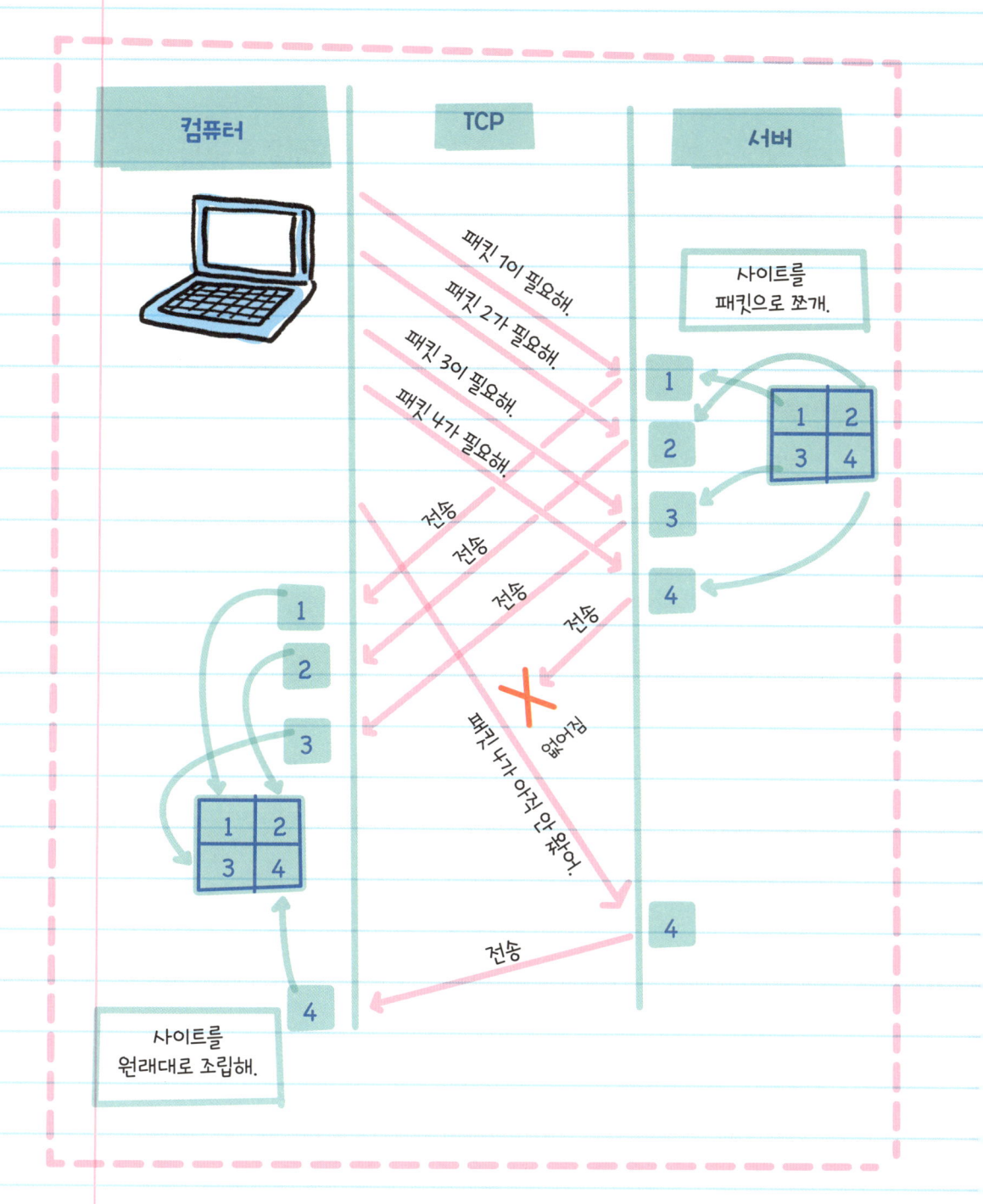

UDP

UDP(User Datagram Protocol)는 정보를 전송하는 또 하나의 방식이야. UDP는 패킷의 도착 여부보다 속도에 무게 중심을 둔 규칙이야. 그래서 속도가 더 중요할 때 사용되지.

> **예시:** 구글의 행아웃이나 스카이프 같은 화상 회의 서비스는 UDP를 사용해. 영상이 조금 깨지더라도 마지막 픽셀이 모두 로드될 때까지 기다리는 것보다는 화상 통화 자체를 계속할 수 있어야 하기 때문이야. 화상 회의 서비스를 실행하는 컴퓨터는 도착하지 않은 패킷을 다시 전송해 달라고 서버에 요청하지 않아.
>
>

1. 인터넷과 월드 와이드 웹의 다른 점은 무엇일까?

2. 패킷이란 무엇일까?

3. 네트워크에서 정보를 전송하고 통신할 때 프로토콜이 필요한 이유는 무엇일까?

4. DNS 서버란 무엇일까?

5. 컴퓨터가 네트워크에서 전송받은 정보가 자신에게 온 것인지 아는 방법은 무엇일까?

6. 프로토콜이란 무엇일까?

7. 서버가 하는 일은 무엇이고, 개인용 컴퓨터와 다른 점은 무엇일까?

8. 스카이프 같은 서비스가 UDP를 선호하는 이유는 무엇일까?

9. TCP와 UDP의 다른 점은 무엇일까?

정답

1. 인터넷은 장치들이 연결된 네트워크이고, 월드 와이드 웹은 웹 사이트와 동영상, 사진 등을 포함한 콘텐츠이다.

2. 패킷은 파일의 작은 조각이다. 네트워크로 파일을 전송하려면 패킷으로 쪼개야 한다.

3. 프로토콜은 정보가 올바른 곳으로 정확하게 전송되기 위한 규칙이다. 프로토콜이 없다면 정보는 목적지를 찾지 못해 뒤죽박죽 섞이거나 중간에 없어질 것이다.

4. DNS 서버는 휴대폰의 연락처와 비슷하다. URL을 찾기 위한 데이터베이스로, 웹 사이트를 저장하는 서버의 IP 주소를 제공한다.

5. 네트워크로 전송되는 모든 정보는 그 헤더에 목적지 주소를 가지고 있어서 올바른 컴퓨터를 찾을 때 이 주소를 사용한다.

6. 프로토콜은 표준 규칙 또는 절차이며 모든 컴퓨터는 이 규칙을 지켜야 한다.

7. 서버는 어마어마하게 빠른 인터넷 연결망과 저장 공간을 가진 컴퓨터이다. 웹 사이트와 동영상, 사진 등을 비롯해 인터넷으로 접속하는 수많은 사용자의 정보를 저장한다. 개인용 컴퓨터는 이런 서버에 접속해 필요한 정보를 요구한다.

8. UDP는 패킷마다 완벽하게 전송하지 않아서 상대적으로 더 빠르게 정보를 전송한다. 그래서 스카이프 같은 화상 회의 서비스를 끊기지 않고 계속할 수 있다.

9. TCP는 정보 도착했는지 아닌지에 따라 재전송 의무가 있다는 점에서 UDP와 다르다. 예를 들어 컴퓨터에서 웹 사이트가 로드될 때 패킷이 전송 도중 없어지면, 웹 브라우저는 없어진 패킷을 보내 달라고 다시 요청한다. 웹 사이트가 모두 로드될 때까지 패킷 재전송 요청은 반복된다.

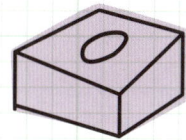

비법노트 **11**장

사이버 보안

사이버 보안이란 무엇일까

사이버 보안은 안전한 디지털 정보에 꼭 필요해. 사이버 보안이란 정보의 기밀성과 사용성, 무결성을 유지하기 위해 사용되는 기술을 말해.

기밀성: 다른 사람들과 공유되지 않는 정보는 비공개로 유지되어야 해.

사용성: 인증받은 사람들만 컴퓨터에 저장된 파일이나 정보에 접근할 수 있어. 누군가 컴퓨터에 아무 허락 없이 **바이러스**를 널뛰해 컴퓨터를 사용하지 못하게 한다면, 인증받은 사람조차도 자신의 정보를 사용할 수 없게 되지.

무결성: 컴퓨터의 파일이나 정보는 인증받지 않은 사람이 바꿀 수 없어야 해.

인증받은 사람
사용 허가를 받은 사람

누군가 어떤 사용자의 소셜 미디어 사이트 비밀번호를 변경하고 그 사용자로 로그인하면 쉽게 말해 계정을 도둑맞은 거야.

> **바이러스**
> 컴퓨터에 해를 입히고 다른 컴퓨터로 퍼지는 (복사되는) 소프트웨어

사이버 보안 기술

사이버 보안 기술은 다음과 같은 일을 해.

- 엉뚱한 사람이 정보 접근 권한을 얻지 못하게 막을 수 있어.

- 인증을 받지 않으면 정보에 접근하더라도 사용하지 못하게 막을 수 있어.

대개 여러 사이버 보안 기술을 함께 적용해 정보를 보호해.

인증

인증은 정보 접근 권한을 주기 전에 그 사람의 신분을 확인하는 과정이야.

몇 가지 인증 방법을 살펴보면 다음과 같아.

- 사용자 이름과 비밀번호 요구하기
- 지문 스캔하기
- 얼굴 인식하기

2단계 인증은 두 가지 서로 다른 인증 기술을 결합한 방식이야.

> **예시:** 2단계 인증 과정을 거쳐 이메일 계정에 로그인하려면 비밀번호를 입력하고 지문까지 스캔해야 해. 공격자는 이런 2단계 인증을 뚫기 훨씬 더 어려울 거야.

접근 제어

접근 제어는 인증 사용자가 특정 파일에 접근하도록 제어하는 걸 말해. 학교 계정을 가지고 있는 사용자는 자신의 과제나 성적 등 여러 파일에 접근할 수 있어. 하지만 이 사용자가 교사의 계정에 접근해 자신의 성적을 바꾸거나 다른 학생의 정보를 조회하고 시험 문제를 다운로드할 수는 없지. 한마디로 접근 제어란 인증을 사용해 엉뚱한 사람이 인증되지 않은 데이터를 볼 수 없도록 하는 거야.

샌드박스

샌드박스는 시스템의 보안 영역에 앱을 설치해 두되 시스템의 다른 영역에는 접근을 제한하는 거야. 이렇게 하면 이 앱이 공격받아 손상을 입어도 시스템의 다른 부분은 보안을 유지할 수 있어.

암호 기술

암호 기술이란 정보의 기밀성을 유지하는 전략이야.
암호 기술의 목적은 메시지와 정보를 헝클어뜨려 인증받은 사람들을 제외한 어느 누구도 암호를 해독하고 읽지 못하도록 하는 거야.

암호 기술은 접근 제어 위에 방어막을 한 겹 더 덮은 것과 같아. 인증받지 않은 사용자가 보안 파일에 접근하더라도 암호화되었기 때문에 읽을 수는 없거든.

정보를 헝클어뜨리고 다시 가지런하게 하는 과정을 각각 암호화와 복호화라고 해. **암호화**는 읽을 수 있는 정보를 비밀 메시지로 바꾸는 과정이야. **복호화**는 이 비밀 메시지를 원래 정보로 되돌리는 과정이지.

암호(cipher)는 **키(key)**가 없는 사람이 정보를 읽을 수 없도록 할 때 사용하는 도구야. 키는 암호화된 메시지를 풀 때 암호와 함께 사용해. 암호는 비밀 메시지를 원래 형태로 되돌릴 때도 사용해. 예를 들어 은행 웹 사이트는 컴퓨터와 은행 서버가 서로 정보를 주고받을 때 암호를 사용해서 고객의 계좌 정보를 주고받지.

암호의 역사는 컴퓨터보다 더 오래됐어. 로마의 독재자 **율리우스 카이사르**(기원전 100년~기원전 44년)가 자신의 이름을 딴 암호를 사용했어.

바로 이 **카이사르 암호**가 최초의 암호 중 하나지. 카이사르 암호는 정해진 위치만큼 글자를 옮겨 표시했어. 예를 들어 알파벳 글자를 네 개씩 옮기는 거야.

> 카이사르 암호의 키는 글자마다 정해진 만큼 간격을 옮기는 거야.

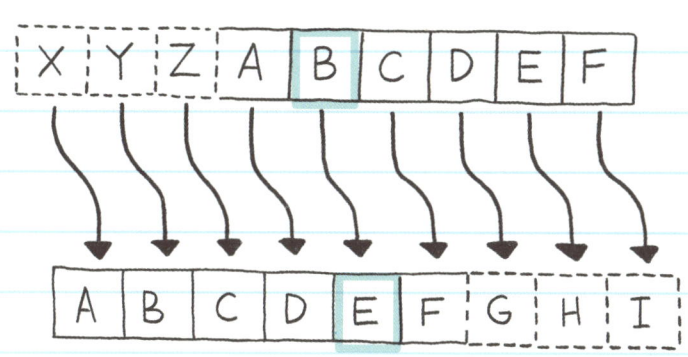

이 예에 따라 'Hello, World'에 카이사르 암호를 적용하면 'Khoor Zruog'로 암호화할 수 있어.

'Khoor Zruog'를 복호화할 때는 키를 거꾸로 적용해. 글자들을 다시 원래 자리로 옮기는 거야.

카이사르 암호는 쉽게 풀 수 있어. 컴퓨터를 이용하면 훨씬 더 쉽게 풀 수 있지.

> **암호를 푼다는 것**
> 암호화된 메시지를 키를 사용하지 않고 복호화하는 방법을 찾는 것

제2차 세계 대전(1939년~1945년) 당시 독일군은 에니그마라는 기계를 사용해 카이사르 암호를 개선했어. 에니그마는 서로 다른 암호를 복잡하게 조합했지. 입력하는 글자들은 여러 단계의 암호화를 거치고 그다음 글자에는 다른 키를 적용해. 따라서 원래 메시지에서 같은 글자라도 암호화 메시지에서는 다른 글자로 바뀌어.

에니그마

앨런 튜링(영국, 1912년~1954년): 제2차 세계 대전 당시 튜링은 독일군의 암호화 기계인 에니그마를 해독하는 팀에서 일했어. 그가 만든 **봄브**라는 초기 컴퓨터는 에니그마가 암호화한 메시지를 복호화했어.

해커

<u>**해커**</u>는 컴퓨터나 컴퓨터 시스템을 뚫고 들어가는 사람이야. 해커에는 여러 부류가 있어. 꼭 나쁜 해커만 있는 것은 아니야.

기업이나 정부는 화이트햇 해커를 고용해 시스템과 정보를 보호해.

블랙햇 해커(black hat hacker)는 시스템을 뚫고 들어가 정보를 훔치거나 피해를 입혀.

화이트햇 해커(white hat hacker)는 버그나 취약점 등을 블랙햇 해커보다 먼저 찾아 해결해서 블랙햇 해커들이 시스템을 뚫지 못하게 해.

핵티비스트(hacktivist)는 사회적 또는 정치적 목적으로 시스템을 뚫고 들어가.

> '해커'는 사물을 창의적으로 사용하는 사람을 가리키기도 해. 선글라스를 휴대폰 거치대로 사용하는 행위도 해킹이야. 선글라스를 원래 목적대로 사용하지 않았거든. 이런 식의 정의는 컴퓨터 해커라는 개념에서 나온 거야. 해커는 코드나 버그 등 디지털 기능을 창의적으로 활용해 접근 권한을 얻기 때문이지.

공격

해커들은 시스템을 뚫기 위해 다양한 방법을 동원해.

브루트 포스(Brute Force) 공격은 가능성 있는 모든 경우를 컴퓨터로 일일이 시도하는 방법이야. 비밀번호를 예상해 일일이 입력해 보는 거지.

만일 비밀번호가 네 자리 숫자라면 컴퓨터는 0000에서 9999까지 전부 시도해. 물론 1만 번을 시도하는 데 몇 초도 걸리지 않을 거야. 그래서 웹 사이트나 앱 비밀번호는 적어도 여덟 자리 이상의 숫자뿐만 아니라 기호, 대문자까지 포함해 지정하도록 하고 있어. 600조 개 이상의 조합이 가능해서 브루트 포스 공격으로 비밀번호를 푸는 건 거의 불가능하거든. 바로 이런 이유 때문에 <u>더 길고 복잡한 비밀번호를 설정해야</u> 하는 거야.

수학이 필요해

흔히 **핀 번호**(PIN, Personal Identification Number)로 부르는 이 네 자리 비밀번호는 0에서 9까지 숫자를 사용해. 따라서 모두 10 * 10 * 10 * 10개, 즉 1만 개의 가능한 조합을 만들 수 있어. 하지만 숫자 10개와 소문자 26개, 대문자 26개, 10개의 기호를 사용해 여덟 자리로 비밀번호로 만들면 모두 72의 8제곱, 즉 700조 개가 훨씬 넘는 조합을 만들 수 있지.

해커들이 시스템에 접근하기 위해 사용하는 또 하나의 방법은 **악성 프로그램(맬웨어)**이야. 악성 프로그램은 컴퓨터에 설치되는 해로운 소프트웨어를 말해. 다음과 같은 것들이 악성 프로그램이야.

랜섬웨어: 돈을 받을 때까지 사용자의 컴퓨터 접근 권한을 막는 프로그램이야.

스파이웨어: 사용자를 감시해서 사용자의 이름이나 비밀번호 등 정보를 훔치는 프로그램이야.

트로이목마: 정상적인 파일로 위장한 해로운 프로그램이야.

바이러스: 마치 질병처럼 다른 컴퓨터로 옮겨 가는(복사되는) 프로그램이야. 바이러스는 네트워크에서 특히 위험해. 네트워크로 연결된 컴퓨터 전체로 순식간에 퍼지거든.

웜: 자신을 복제해서 다른 컴퓨터로 옮겨 가는 프로그램이야. 흔히 대량의 단체 메일 등을 통해 퍼져.

코딩이 필요 없는 공격

사회공학은 가장 흔한 공격이야. 더구나 코딩 능력도 필요하지 않아. 사회공학은 쉽게 말해 다른 사람인 척해 그 사람의 정보를 빼내는 거야. **피싱**이 대표적인 사회공학이지. 피싱은 공격자가 정상적인 이메일 주소나 웹 사이트를 가지고 있는 것처럼 속여 사용자의 이름이나 비밀번호를 가로채는 공격이야.

예시: 공격자가 어떤 사용자에게 소셜 미디어 계정 중 하나로 로그인하라고 요구하는 이메일을 보내. 하지만 메일 속 링크는 실제 소셜 미디어 계정이 아니라 계정 정보를 빼내기 위해 그럴듯하게 만든 가짜 사이트로 연결돼. 사용자가 가짜 사이트에 속아서 로그인하면 공격자에게 자신의 이름과 비밀번호가 고스란히 넘어가지. 공격자는 이 정보로 진짜 행세를 하며 실제 소셜 미디어 사이트에 로그인하는 거야.

> **팁**
> 누군가 이메일로 자신의 정보를 요구한다면 정보를 절대 입력하지 말고 스스로를 보호할 수 있어야 해. 소셜 미디어 사이트들은 사용자의 비밀번호를 이미 저장하고 있기 때문에 다시 묻지 않아. 공격자들만 다시 묻겠지? 의심스러울 때는 이메일 속 링크를 클릭하지 마. 그리고 URL이 정상 주소인지 자세히 살펴봐. 영문자 o가 숫자 0으로 바뀌지는 않았는지 꼼꼼하게 살펴봐야 해. 피싱 사이트는 대부분 정상 주소를 그런 식으로 바꾸거든.

디도스(DDoS)는 많은 컴퓨터(아마도 바이러스에 감염된 컴퓨터)를 사용해서 서버에 같은 메시지를 동시에 어마어마하게 퍼붓는 공격이야.
디도스 공격을 받은 서버는 처리량이 급격히 늘어나서 결국 멈추게 되지.
해커들은 대개 돈을 요구하거나 정치적 목적을 달성하기 위해 디도스 공격을 하곤 해.

1. 사이버 보안이란 무언일까?

2. 사용자의 신분을 확인하는 사이버 보안 기술은 무언일까?

3. 앱을 분리해 공격을 받더라도 피해가 다른 앱으로 번지지 않도록 하는 사이버 보안 기술은 무언일까?

4. 시스템을 합법적으로 뚫고 들어가는 해커를 부르는 말은 무언일까?

5. 브루트 포스 공격이란 무언일까?

6. 악성 프로그램과 그에 대한 설명을 연결해 보자.

   A. 랜섬웨어 •   • 자신을 복제해 다른 컴퓨터로 옮겨 가.

   B. 스파이웨어 •   • 정상적인 파일로 위장해.

   C. 트로이목마 •   • 질병처럼 퍼져.

   D. 바이러스 •   • 돈을 받을 때까지 사용자의 컴퓨터 접근 권한을 막아.

   E. 웜 •   • 사용자를 감시해 정보를 훔쳐.

7. 암호가 하는 일은 무엇일까?

8. 다음 메시지는 카이사르 암호를 사용해 세 글자씩 건너뛰어 암호화되었다. 복호화한 원래 메시지는 무엇일까?
   gdb

9. 암호화란 무엇일까?

10. 피싱이란 무엇일까?

11. 제2차 세계 대전 당시 독일군이 사용했던 암호화 기계의 이름은 무엇일까?

정답

1. 정보의 기밀성과 사용성, 무결성을 유지하기 위해 사용되는 기술이다.

2. 인증

3. 샌드박스

4. 화이트햇 해커. 핵티비스트의 경우 의도가 정의로워도 행위가 불법적이라는 사실은 변하지 않는다.

5. 컴퓨터를 사용해 모든 인증 가능성을 시도하는 것이다.

6. A. 랜섬웨어 — 돈을 받을 때까지 사용자의 컴퓨터 접근 권한을 막아.
   B. 스파이웨어 — 사용자를 감시해 정보를 훔쳐.
   C. 트로이목마 — 정상적인 파일로 위장해.
   D. 바이러스 — 자신을 복제해 다른 컴퓨터로 옮겨 가.
   E. 웜 — 질병처럼 퍼져.

7. 키가 없는 사람이 정보를 읽을 수 없도록 할 때 사용하는 도구이다.

8. day

9. 암호화는 읽을 수 있는 정보를 비밀 메시지로 바꾸는 과정이다.

10. 피싱은 사회공학의 한 종류이다. 정상 사용자인 척 속여 사용자 이름이나 비밀번호를 가로채는 공격이다.

11. 에니그마

비법노트 **12**장

기본 웹페이지 만들기

웹 사이트의 재료들

웹 사이트는 전부 **HTML** 코드로 만들어. HTML은 직업적인 전문 웹 개발자가 텍스트와 이미지, 동영상 등을 웹 브라우저에 짜임새 있게 표시할 때 사용하는 언어야. 웹 브라우저에 무언을 표시할지 알릴 때도 사용해.

CSS(Cascading Style Sheets) 는 사이트가 어떻게 표시될지 웹 브라우저에 알릴 때 웹 사이트에서 사용해. 텍스트 색을 바꾸거나 배경 이미지를 넣을 때 CSS가 필요해.

> **HTML**
> **HyperText Markup Language** 의 앞 글자를 딴 거야. '하이퍼텍스트'는 웹 사이트를 서로 연결한다는 뜻이야. 클릭 한 번으로 이쪽 사이트에서 저쪽 사이트로 순식간에 옮겨 갈 수 있지.

175

초기 웹 사이트는 HTML과 초기 버전 CSS로만 만들었어. 스타일이 밋밋했고 상호 작용 기능이라든가 애니메이션 기능 등이 부족했지. 지금은 HTML과 CSS에 다양한 언어를 추가해서 생동감 넘치고 상호 반응성이 풍부한 웹 사이트를 손쉽게 만들 수 있어. HTML과 CSS로는 웹 사이트의 기본적인 얼개와 겉모습만 만들고, 자바스크립트나 PHP 같은 언어로 프로그램을 실행해서 웹 사이트에 생명을 불어넣지.

우리는 영원한 베프

웹 사이트 제작용 도구

전문 웹 개발자들은 특별한 코드 편집기 프로그램을 구매하기도 해. 하지만 컴퓨터에 설치되어 있는 텍스트 에디터(윈도의 메모장이나 맥의 텍스트 에디터)도 함께 사용하지.

HTML 웹 사이트 파일은 .html 확장명으로 저장돼. 예를 들어 index라는 이름의 웹 페이지는 index.html 파일로 저장되지.

파일명

HTML 파일임을 나타내.

HTML 파일의 이름은 원하는 대로 정하면 되지만, 몇 가지 관습에 따라 정해진 것도 있어. index는 주로 웹 사이트의 메인 페이지를 나타내. 파일에는 '.html' 확장명을 반드시 붙여야 해. 그래야 웹 브라우저가 올바로 읽을 수 있어.

웹 사이트 보기

웹 사이트를 보려면 **웹 브라우저**가 있어야 해. HTML 파일을 읽어서 컴퓨터에 웹 사이트를 표시해 주는 프로그램이 바로 웹 브라우저야. 널리 사용되는 웹 브라우저로는 크롬과 사파리, 마이크로소프트 엣지, 파이어폭스 등이 있어.

.html 파일을 더블 클릭하거나 우 클릭한 후 '연결 프로그램'을 선택하고 마음에 드는 브라우저를 고르면 브라우저에서 .html 파일이 웹 사이트로 표시돼.

웹 페이지의 기본 내용

모든 웹 사이트는 **콘텐츠**를 표시해. 콘텐트는 텍스트, 이미지 등 웹 사이트 방문자가 웹 브라우저로 볼 수 있는 것들을 말해.

어떤 사이트에서나 웹 브라우저에 표시된 페이지의 빈 공간을 우 클릭하고 '페이지 소스'를 클릭하면 HTML 코드를 읽을 수 있어. 새 창이 열리면 클릭한 페이지의 모든 코드가 표시돼.

태그와 요소

요소는 웹 페이지의 일부분으로, 재료라고 할 수 있어. 종류마다 웹 페이지를 만들 때 맡은 역할이 달라.

태그는 따옴표와 비슷해. 여는 따옴표는 시작을 나타내고, 닫는 따옴표는 끝을 나타내지. 시작 태그와 종료 태그가 짝을 이뤄서 따옴표 같은 역할을 하는 거야. 웹 사이트를 만드는 코드에서 콘텐트를 묶을 때 사용하지.

태그는 요소의 시작과 끝을 나타낸다는 점에서 매우 중요해.
요소는 태그와 태그가 에워싼 콘텐츠를 합쳐 부르는 말이야.

요소 = 태그 + 콘텐츠

요소는 종류가 다양하지만, 다음처럼 태그로 시작하고 콘텐츠와 종료 태그가 뒤를 잇지.

시작 태그: 요소 이름이 꺾쇠 사이로 들어가.

<요소이름>콘텐츠가 오는 곳</요소이름>

콘텐츠

전체 행이 요소를 구성해.

종료 태그: 슬래시를 맨 앞에 두는 것을 빼면 시작 태그와 비슷해.

요소는 표시할 텍스트의 형식을 맞출 때나 웹 사이트를 여러 영역으로 구분할 때도 사용해. 예를 들어 볼까?

요소	표시되는 모습
<b>이 텍스트는 볼드체야</b>	이 텍스트는 볼드체야
<h1>가장 큰 제목이야</h1>	**가장 큰 제목이야**
<em>이 텍스트는 강조야</em>	이 텍스트는 강조야
<button>이건 버튼이야</button>	이것은 버튼이야

웹 사이트의 요소

웹 사이트에는 예외 없이 <html>, <head>, <body> 요소가 있어.

<html> 요소는 열고 닫는 태그 사이에 있는 다른 모든 요소를 포함해. 다시 말해 이 요소는 HTML 문서의 시작과 끝을 나타내지.

<head> 요소는 웹 사이트의 추가 정보를 나타내는 요소들을 포함해. 이 안에는 방문자가 볼 수 있는 콘텐트가 오는 경우가 드물어. 방문자의 웹 브라우저에 CSS 코드나 웹 사이트의 타이틀, 검색 엔진에 필요한 키워드 등 화면에 직접적으로 보이지 않는 정보를 제공하지.

==**\<body\> 요소**==는 방문자가 볼 수 있는 모든 콘텐츠가 오는 곳이야. 텍스트나 이미지, 애니메이션 등 웹 사이트에서 보여 주려는 모든 것이 여기에 포함돼.

웹 사이트의 \<head\>와 \<body\>는 다음처럼 생겼어.

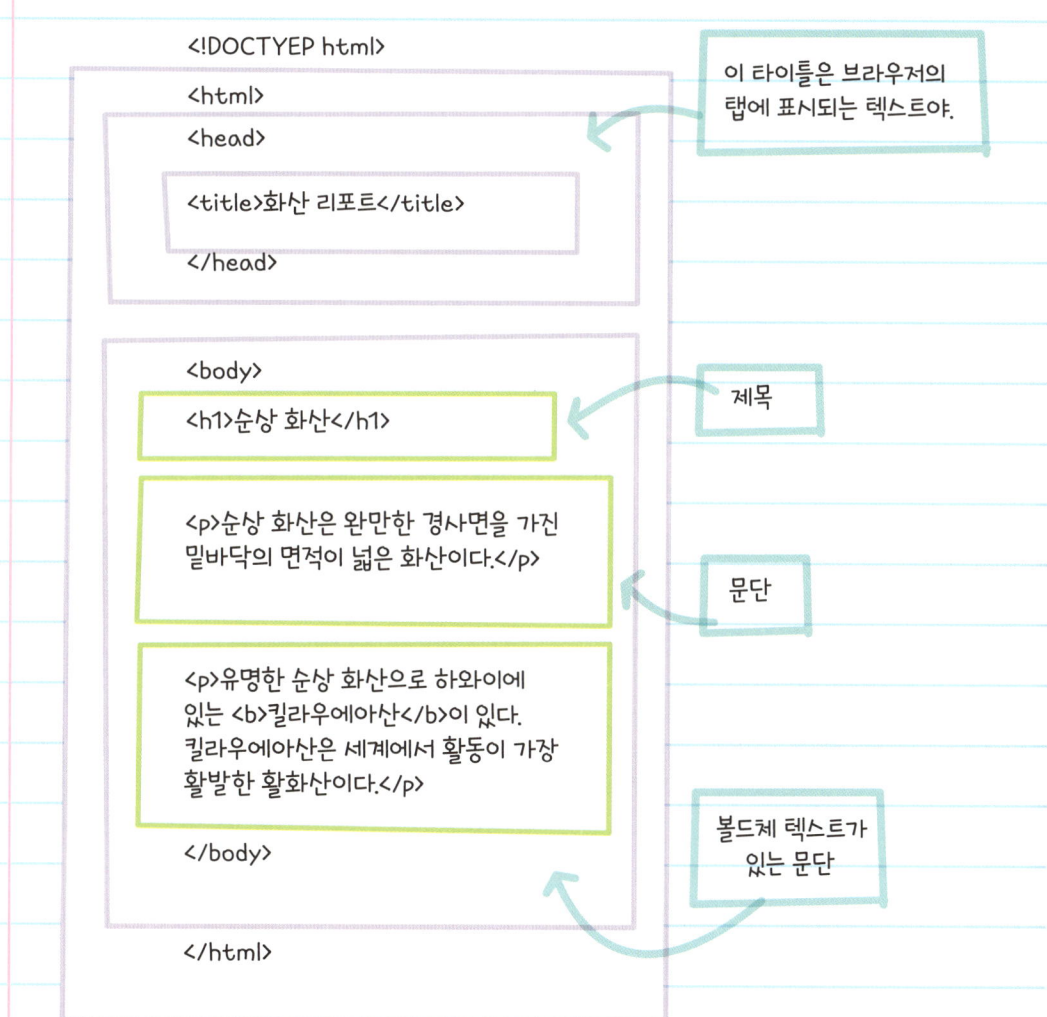

HTML의 형식

HTML에서는 들여쓰기나 공백 등은 아무 의미가 없어. 중첩된 요소에 들여쓰기를 적용하는 건 코드를 체계적으로 정돈하려는 것뿐이거든. 텍스트를 담은 <h1> 요소에 들여쓰기를 적용한 건 이 요소가 <body> 요소 안에 중첩되었다는 걸 나타내.

```
<body>
    <h1>눈상 화산</h1>
</body>
```

닫는 태그는 위치가 중요해. 다음 코드에서 볼드 요소(<b>)는 문단 요소 (<p>) 안에 중첩된 거야.

```
<p>유명한 눈상 화산으로 하와이에 있는 <b>킬라우에아산</b>이 있다. 킬라우에아산은 세계에서 활동이 가장 활발한 활화산이다.</p>
```

이 코드는 다음처럼 표시돼.

유명한 눈상 화산으로 하와이에 있는 킬라우에아산이 있다. 킬라우에아산은 세계에서 활동이 가장 활발한 활화산이다.

<b> 태그는 '킬라우에아산'을 볼드체로 바꾸려고 사용되었어. 이 두 요소는 올바르게 중첩되었어. 시작 태그인 <b>와 종료 태그인 </b>가 <p> 시작 태그와 </p> 종료 태그 사이에 있거든.

태그가 올바르지 않게 중첩되면 콘텐츠가 엉뚱하게 표시될 수 있고 코드를 체계적으로 정돈하기 더 어려워져. 혹시 모를 오류를 찾기도 어려워지고 말이야.

다음은 올바르지 않은 중첩의 예야.

<p>유명한 순상 화산으로 하와이에 있는 <b>킬라우에아산이 있다. 킬라우에아산은 세계에서 활동이 가장 활발한 활화산이다.</p></b>

</b> 종료 태그가 </p> 종료 태그 뒤로 가면 중첩 순서가 어긋나서 텍스트가 올바로 표시되지 않아.

> HTML은 대소문자를 구별하지 않아. 다음 예들은 다 똑같이 동작해.
>
> <BODY> 모두 대문자
> <body> 모두 소문자
> <Body> 섞인 대소문자
>
> 하지만 웹 개발자들은 대부분 소문자로 태그를 작성해. 입력하기 쉬워서 주로 소문자를 쓰다가 그대로 관행이 되었어.

주석

HTML 코드에도 브라우저가 읽지 않는 주석을 추가할 수 있어. 주석은 프로그램에 관해 자신에게 남기는 쪽지야. HTML의 주석은 다음처럼 추가해.

`<!-- 여기에 주석을 입력하면 돼. -->`

느낌표는 여는 태그에만 붙여.

여는 태그와 닫는 태그가 다른 요소들과 달라. 프로그래머와 컴퓨터가 콘텐트의 시작과 끝을 혼동하지 않기 위해서야.

1. 웹 사이트를 만들 때 가장 많이 사용하는 두 가지 언어는 무엇일까?

2. HTML은 무엇을 줄인 용어일까?

3. 다음 빈칸에 들어갈 용어는 무엇일까?

   <요소이름>_____</요소이름>

4. HTML 파일을 작성하기 위해 전문적인 프로그램을 구매할 수도 있고, 컴퓨터 내장 프로그램 중 하나인 _____ 또는 _____을(를) 사용할 수도 있어.

5. HTML 파일을 저장할 때 파일 이름 끝에 붙이는 확장명은 무엇일까?

6. 웹 사이트를 볼 때 필요한 프로그램은 무엇일까?

7. 웹 사이트의 메인 페이지에 흔히 사용되는 파일 이름은 무엇일까?

8. 텍스트, 이미지 등 웹 사이트의 방문자가 보는 내용물을 무엇이라고 부를까?

9. 요소의 시작과 끝은 _____(으)로 표시해.

10. 모든 웹 사이트에 공통으로 들어가는 세 가지 HTML 요소는 무엇일까?

11. HTML 태그는 대소문자를 구별하지 않는다는 의미는 무엇일까?

12. 웹 사이트 방문자들이 볼 콘텐트를 두는 가장 바깥쪽 요소는 무엇일까?

13. 웹 사이트의 콘텐트를 나타내는 모든 코드는 _____ 태그와 _____ 태그 사이에 들어가야 해.

14. 웹 사이트의 구조는 _____(으)로 구성돼.

정답

1. HTML과 CSS

2. HyperText Markup Language

3. 시작 태그   종료 태그
   ↓   ↓
   <요소이름> 콘텐트 </요소이름>
              요소

4. 윈도의 메모장 또는 맥의 텍스트 에디터

5. .html

6. 크롬이나 마이크로소프트 엣지, 파이어폭스 같은 웹 브라우저

7. index.html

8. 콘텐츠

9. 태그

10. <html>, <head>, <body>

11. 대문자나 대소문자를 섞어 작성해도 코드에는 영향을 주지 않는다는 뜻이다.

12. <body> 요소

13. <body>, </body>

14. HTML 요소

HTML의 텍스트 요소

제목 요소

웹 사이트에서는 영역마다 여러 가지 제목 요소를 사용해.

제목 요소는 텍스트를 더 크고 굵게 표시해. — 더 진하게

제목 태그는 `<h1>`, `<h2>`, `<h3>`, `<h4>`, `<h5>`, `<h6>` 이렇게 여섯 가지가 있어. `<h1>`이 가장 크고 가장 굵어.

> **예시:** `<h1>` 제목은 '화산의 종류' 같은 최상위 제목에 사용해.
> `<h2>` 제목은 그 바로 아래 제목, 예를 들어 '순상 화산',
> '구상 화산', '종상 화산' 등에 사용해.
>
> `<h1>화산의 종류</h1>`
> `<h2>순상 화산</h2>`
> `<h2>구상 화산</h2>`
> `<h2>종상 화산</h2>`
>
> 이 코드는 웹 브라우저에서 다음처럼 표시돼.
>
> # 화산의 종류
> 순상 화산
>
> 구상 화산
>
> 종상 화산

문단과 형식 지정 요소

`<p>`는 **문단 요소**, 즉 문단을 만들 때 사용해. HTML은 코드에서 공백이나 내 행 등은 모두 무시해. 그래서 텍스트가 문단처럼 보이도록 하려면 `<p>` 요소를 사용해야 해.

또한 형식을 지정할 수 있는 요소로 `<b>`는 텍스트를 **볼드체**로 바꾸고, `<i>`는 텍스트를 *이탤릭체*로 바꿔.

예시: 콘텐츠를 `<p>` 태그로 묶고, 특정 텍스트를 `<b>` 태그를 적용해 볼드체로 바꾸고, `<i>` 태그를 적용해 이탤릭체로 바꿔 볼게.

문단 → / 볼드 →

`<p>`유명한 순상 화산으로 하와이에 있는 `<b>`킬라우에아산`</b>`이 있다. 킬라우에아산은 세계에서 활동이 `<i>`가장 활발한 활화산`</i>`이다.`</p>`

← 이탤릭체

웹 브라우저에서는 다음처럼 보일 거야.

유명한 순상 화산으로 하와이에 있는 **킬라우에아산**이 있다. 킬라우에아산은 세계에서 활동이 *가장 활발한 활화산*이다.

가로줄과 행 바꿈

가로줄을 나타내는 `<hr>`은 콘텐츠를 가늘고 긴 선으로 구분해. 새 주제를 알리는 효과를 내는 이 가로줄은 다음처럼 생겼어.

<h1> 다음에 <hr>을 추가하면 제목과 내용을 구분할 수 있어.

<h1>화산의 종류</h1>
<hr>　←　<h1>과 <h2> 제목 사이에 추가한 가로줄
<h2>순상 화산</h2>
<p>유명한 순상 화산으로 하와이에 있는 <b>킬라우에아산</b>이 있다. 킬라우에아산은 세계에서 활동이 <i>가장 활발한 활화산</i>이다.</p>
<h2>구상 화산</h2>
<h2>통상 화산</h2>

행 바꿈 요소인
은 요소들 사이에 빈 행을 표시해. 웹 페이지에 빈 행을 추가하거나 영역에 맞춰 콘텐트를 정리할 때 사용하지.

```
<h1>화산의 종류</h1>
<hr>
<h2>순상 화산</h2>
<p>유명한 순상 화산으로 하와이에 있는 <b>킬라우에아산</b>이 있다.
킬라우에아산은 세계에서 활동이 <i>가장 활발한 화산</i>이다.</p>
<br>
<h2>구상 화산</h2>
<h2>종상 화산</h2>
```

<p>와 <h2> 사이에 추가한 행 바꿈

다음은 가로줄과 행 바꿈 요소가 적용된 웹 페이지의 모습이야.

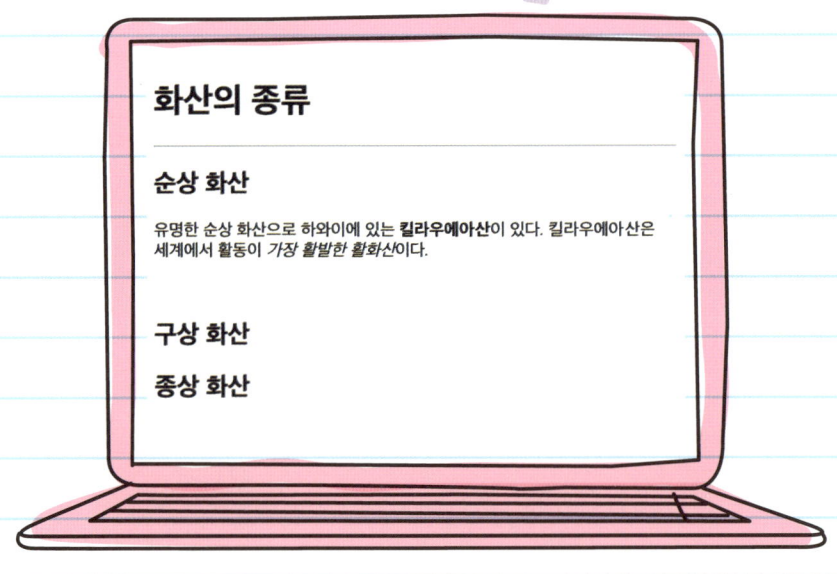

빈 요소

HTML 요소는 대부분 시작 태그와 종료 태그가 짝을 이뤄 그 사이에 콘텐트를 담아. 하지만 몇몇 요소는 종료 태그와 콘텐트가 없는데, 이런 요소들을 **빈 요소**라고 해.
<hr>과
이 대표적인 빈 요소야.

리스트 요소

리스트 요소는 글머리표를 맨 앞에 붙여 텍스트를 가지런하게 정돈해. 리스트에는 여러 요소를 합쳐 사용할 수 있어.

순서 없는 리스트 요소인 <ul>은 항목 앞에 숫자가 아닌 글머리표를 붙여 리스트 형태로 만들어. 친구들 이름이나 먹고 싶은 음식을 순서 없는 리스트로 나타낼 수 있어.

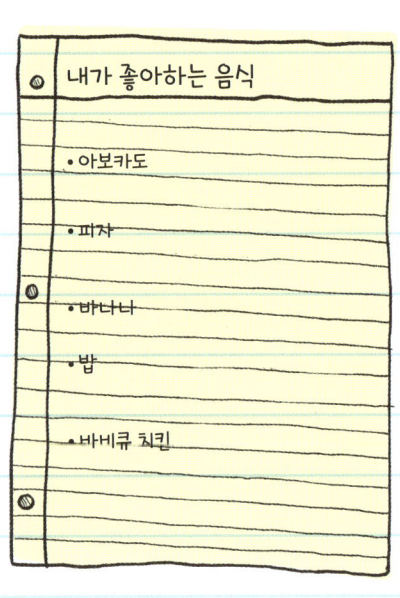

항목을 다른 행으로 구분할 때는 항목마다 **리스트 항목 요소**인 <li>를 적용해. 따라서 <ul> 순서 없는 리스트 요소 안에는 항상 <li> 리스트 항목 요소가 들어가야 해.

우리 같이 있으니까 정말 좋아!

예시: `<ul>`, `<li>` 태그를 사용해 유명한 화산들을 눈서 없는 리스트로 표현해 볼게.

```
<h1>화산</h1>
<hr>
<h2>유명한 화산들:</h2>
<ul>
    <li>베수비오산</li>
    <li>세인트헬렌스산</li>
    <li>킬라우에아산</li>
</ul>
```

리스트 항목마다 `<li></li>`로 묶어야 해.

전체 리스트는 `<ul>` 태그로 묶어.

웹 페이지에는 이렇게 보일 거야.

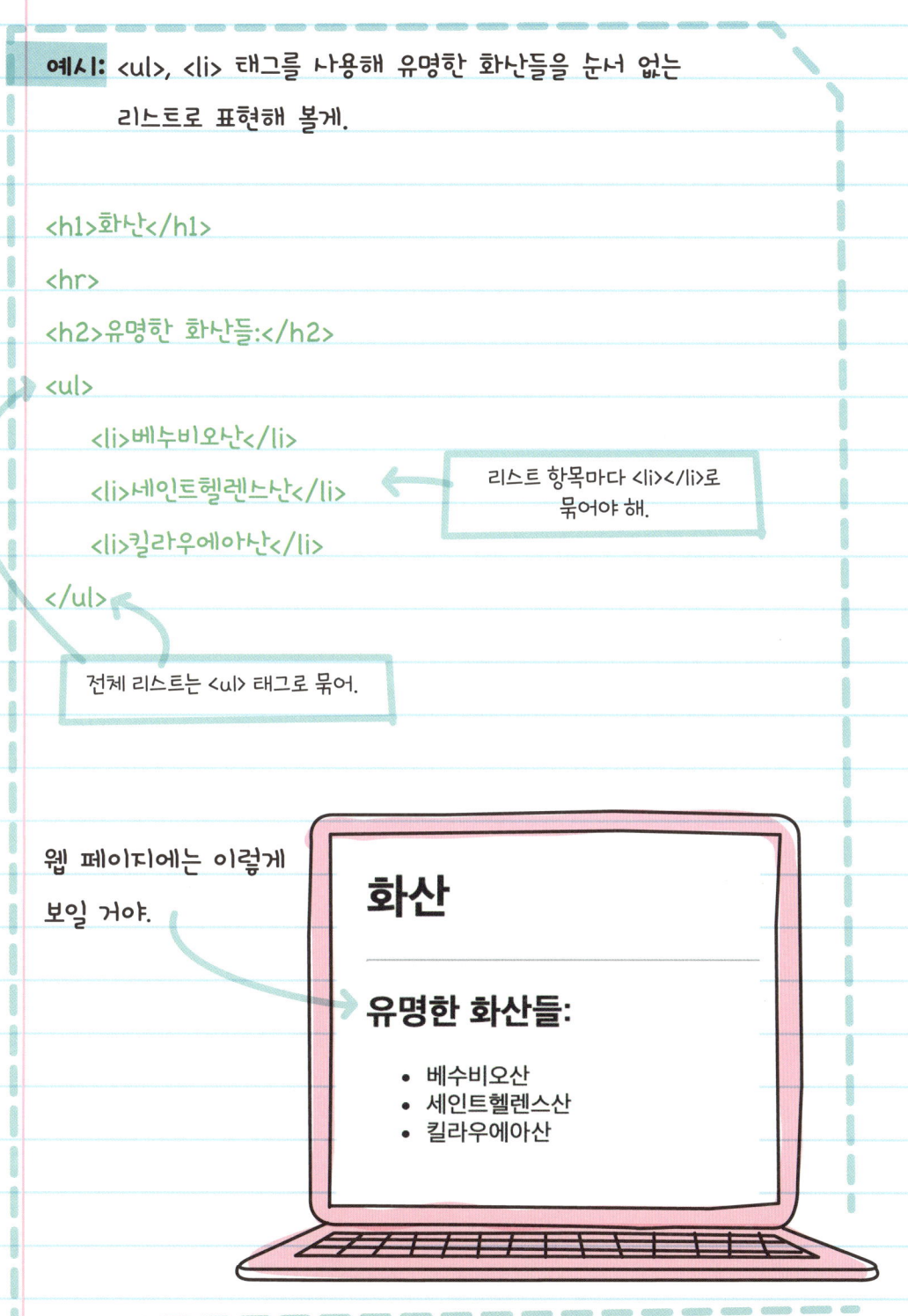

순서 리스트는 <ol> 태그를 사용해 항목들 앞에 번호를 매겨 표시해. 주로 '좋아하는 음식 베스트 10'처럼 순위나 순서를 정할 수 있는 항목들을 표현할 때 사용하지. 순서 리스트 또한 항목 하나하나는 <li> 태그로 묶어야 해.

예시: 규모가 큰 화산의 순위를 리스트로 만들어 볼게.

```
<h2>규모가 큰 화산들:</h2>
<ol>
    <li>타무 산괴</li>
    <li>킬리만자로</li>
    <li>마우나로아</li>
</ol>
```

리스트 항목마다 <li></li>로 묶어야 해.

전체 리스트는 <ol> 태그로 묶어.

웹 페이지에는 다음처럼 보일 거야.

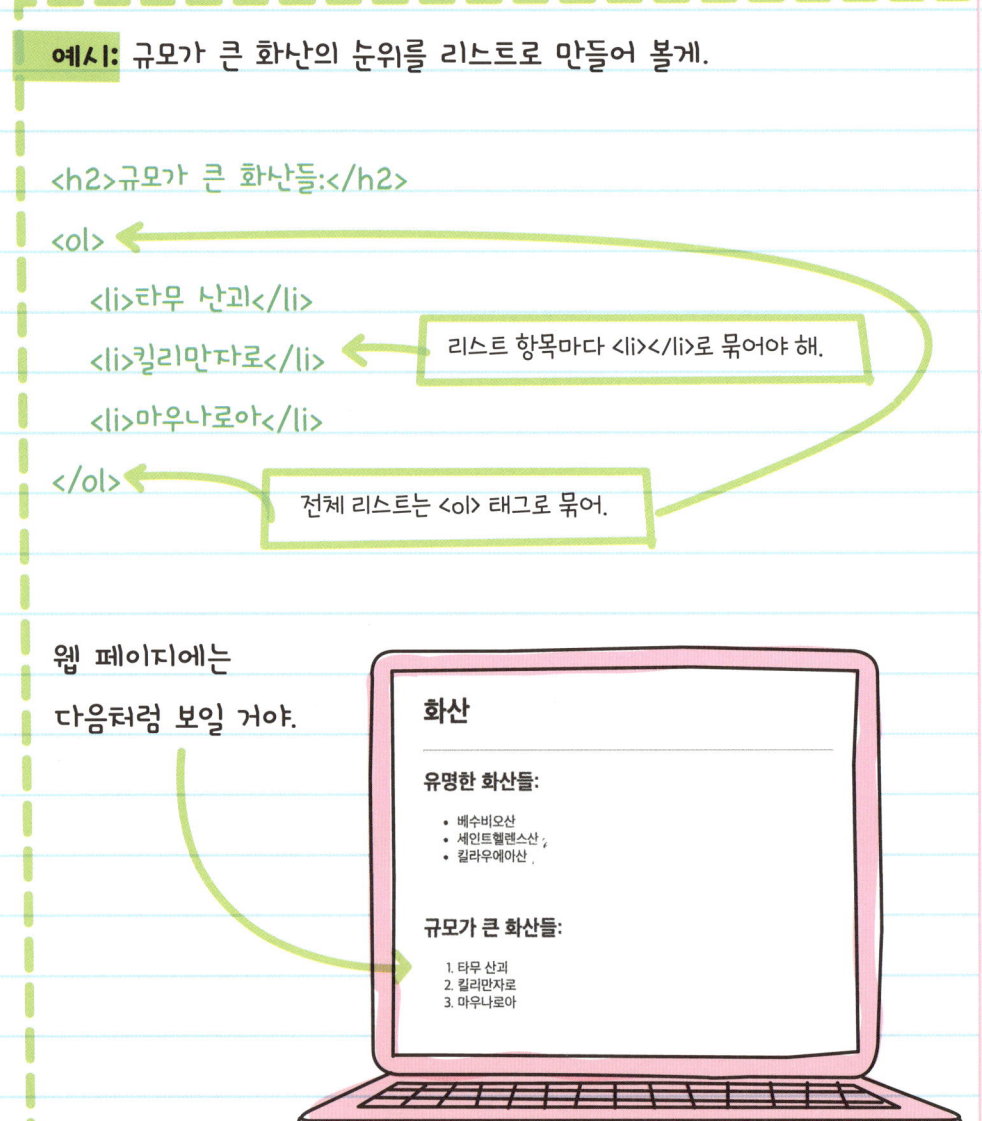

1. 다음 코드의 잘못된 점은 무엇일까?

    \<p\>이건은 문단이야.\</b\>

2. 다음 코드의 잘못된 점은 무엇일까?

    \<p\>나는 \<b\>멍 때리기를 좋아해.\</p\>\</b\>

3. 텍스트를 볼드체와 이탤릭체로 만들기 위해 필요한 태그는 각각 무언일까?

4. \<ul\> 요소와 \<ol\> 요소의 다른 점은 무언일까?

5. 리스트의 항목들을 구분하는 태그는 무언일까?

6. \<p\> 요소는 어떻게 사용할까?

7. 콘텐트나 동료 태그가 없는 요소를 _____(이)라고 해.

8. 다음 중 빈 요소는 무언일까?

    A. \<br\>   B. \<ol\>   C. \<p\>   D. \<h3\>

9. \<hr\> 요소가 하는 일은 무언일까?

정답

1. 시작 태그와 종료 태그는 이름이 같아야 한다.

2. 중첩이 잘못되었다. </p> 태그와 태그의 자리를 서로 바꿔야 한다.

3. , <i>

4. <ul>은 순서 없는 리스트에 사용하는 반면, <ol>은 순서 리스트에 사용한다.

5. <li>

6. <p> 요소는 텍스트를 하나의 문단으로 보이도록 한다.

7. 빈 요소

8. A

9. <hr>은 웹 페이지를 가로지르는 선을 그린다.

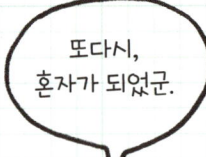

링크 요소

HTML에서 '하이퍼텍스트'는 다른 페이지나 다른 웹 사이트, 다른 파일에 연결된다는 뜻이야.

하이퍼링크는 웹 사이트들끼리의 연결 수단이야. 링크는 HTML 요소가 내 웹 사이트로 갈 수 있게 해 주는 버튼인 셈이지.

링크 덕분에 웹 사이트의 유용성은 한결 높아져. 사용자가 다른 웹 페이지에 있는 관련 정보에 곧바로 이동할 수 있기 때문이야. 예를 들어 검색 엔진에서 '화산'을 검색하면 화산을 언급한 웹 사이트들이 두르륵 출력되지? 검색 결과 중 하나를 클릭하면 그 웹 사이트에 곧바로 갈 수 있어. 검색 엔진이 웹 사이트마다 링크를 붙여 출력했기 때문이야.

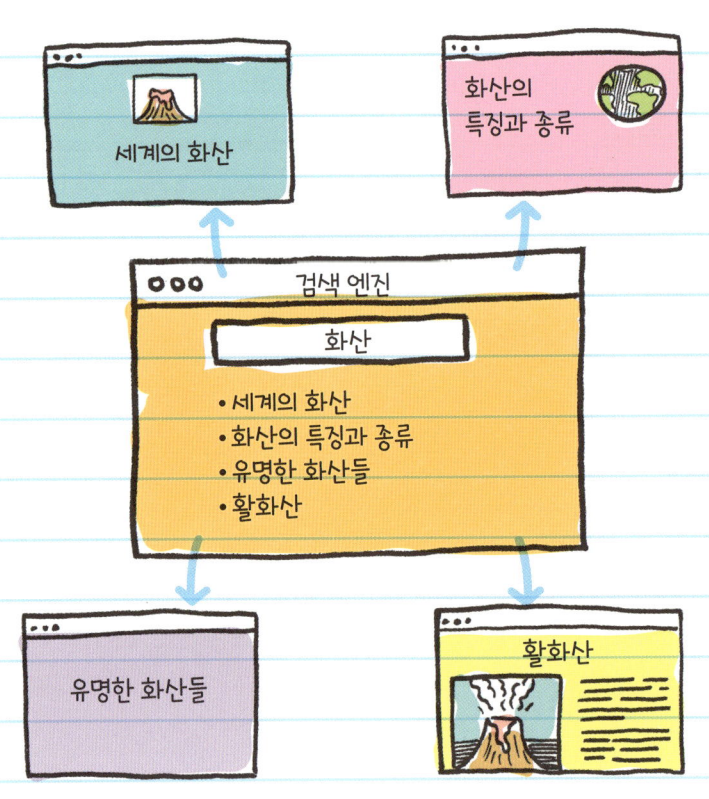

링크는 웹 사이트의 <mark>이동 메뉴</mark>에도 생명력을 불어넣어. 이동 메뉴란 웹 사이트의 주요 위치로 이동할 수 있는 링크들의 모음이야. 링크 덕분에 클릭 한 번으로 웹 사이트 이곳저곳을 찾아갈 수 있어.

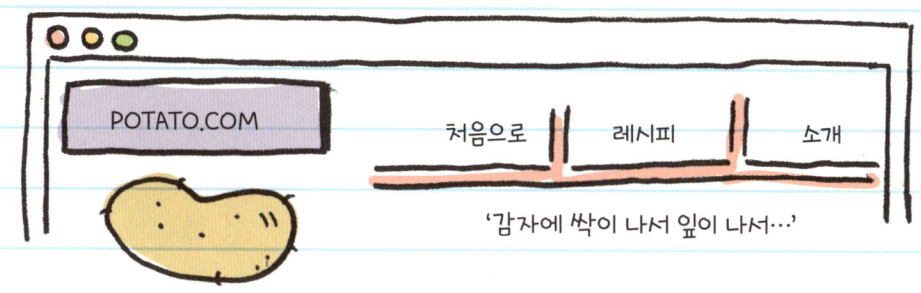

앵커 요소인 <a>는 웹 사이트에 링크를 추가할 때 사용해. <a>와 </a>로 링크를 묶을 때는 사용자가 옮겨 갈 웹 사이트의 웹 주소도 함께 추가해야 해.

앵커(anchor)는 우리말로 닻이야.

속성은 요소의 부가 정보를 나타내.
웹 사이트 주소를 링크에 추가할 때나
사용할 이미지의 높이와 너비를
지정하는 등 스타일 정보를 추가할 때
속성을 사용하지.

속성
요소의 부가 정보

속성은 시작 태그 안으로 들어가며
다음 형식을 따라.

속성 이름 = "정보"

높이
너비
속성
방문할 웹 사이트

다른 웹 사이트 링크를 만들 때는
href 속성을 사용해.
앵커 요소 <a>에 href 속성을 추가하고
화산 관련 웹 사이트인 'www.eruptingvolcanoes.com'
링크를 지정해.

1. <a href=" ">를 사용해 이동할 웹 사이트의 이름을 지정해.

2. 링크로 동작할 웹 주소를 추가해.

3. </a> 태그를 추가해 링크의 끝을 나타내.

속성 이름

<a href="www.eruptingvolcanoes.com">Erupting Volcanoes</a>

앵커 태그는 'Erupting Volcanoes'를 클릭 가능한 링크로 바꿔.

부가 정보
(이동할 웹 사이트)

이미지 요소

이미지는 웹 사이트를 흥미롭고 매력적으로 만들어.

이미지 요소인 <img>는 웹 사이트에 이미지를 추가할 때 사용해. <img>는 빈 요소이기 때문에 종료 태그가 없어.

src 속성은 이미지 파일의 주소를 지정할 때 사용해. 브라우저는 이 속성에 따라 웹 사이트에서 이미지를 찾아 표시하는 거야. 이미지 파일은 웹 사이트에 저장되어 있어야 해. 다른 웹 사이트의 이미지 파일을 가리킬 수도 있어.

예를 들어 다른 웹 사이트에 있는 화산 사진의 웹 주소를 사용하면 현재 웹 페이지에 추가할 수 있어. 다른 웹 사이트에서 필요한 이미지를 우 클릭해. 메뉴에서 '이미지 주소 복사'를 클릭하면, 이미지가 저장된 주소를 복사할 수 있어. 이 주소를 src 속성의 값으로 지정하는 거야.

> 이미지가 너무 크거나 작다고 걱정하지 않아도 돼. 나중에 살펴볼 CSS를 사용하면 크기를 조절할 수 있어.

다른 웹 사이트에서 복사한 이미지 주소는 다음 형식을 보여.

"www.eruptingvolcanoes.com/images/volcano1.jpg"
         A   B   C

웹 사이트에 저장된 이미지는 대개 파일 형태로 존재해. 위치는 웹 주소로 지정되지. 첫 번째 부분인 A는 웹 사이트를 나타내. 슬래시 기호 다음인 B는 이미지가 저장된 폴더의 이름이야. 마지막으로 C는 실제 이미지 파일의 이름과 확장명이야.

이미지 링크를 추가하려면 우선 <img> 요소부터 추가한 후 이미지 주소를 src 속성의 값으로 지정해야 해.

요소를 입력해.

이미지 주소를 이곳에 붙여 넣어.

<img src="www.eruptingvolcanoes.com/images/volcano1.jpg">

직접 가지고 있거나 사용해도 된다고 허락을 받은 이미지만 링크를 만들어야 해. 특히 허락을 받은 경우에는 저작자 표시를 잊지 마.

이미지를 사용하려면 우선 허락부터 받는 게 좋아.

1. <hr> 요소와 <img> 요소의 공통점은 무엇일까?

2. 링크란 무엇일까?

3. 링크가 웹 사이트에 유용한 이유는 무엇일까?

4. 다음 요소에서 속성 부분을 표시해 보자.

   <a href="www.myfavoritewebsite.com">여기를 클릭하세요.</a>

5. 다음 코드 중 웹 사이트 링크를 추가하는 요소는 무엇일까?

   A. <link src="www.website.com">여기를 클릭하세요.</link>

   B. <link href="www.website.com">여기를 클릭하세요.</link>

   C. <a src="www.website.com">여기를 클릭하세요.</a>

   D. <a href="www.website.com">여기를 클릭하세요.</a>

6. 다음 요소에 있는 속성은 무엇일까?

   <a href="www.allthelinks.com">모두모두 링크</a>

7. 웹 사이트에 사진을 추가하려면 어느 요소를 사용해야 할까?

8. 이미지의 파일 이름을 이미지 요소에 추가할 때 필요한 속성은 무언일까?

9. 다음 코드에서 잘못된 점은 무언일까?

　　`<a href=" ">여기를 클릭하세요.</a>`

10. 다음 행에서 필요 없는 코드에 표시하고, 그 이유를 설명해 보자.

　　`<img src="catapalooza.jpg"></img>`

정답

1. 둘 다 빈 요소이다.

2. 링크는 다른 웹 사이트나 인터넷의 다른 콘텐트로 이동할 수 있는 수단이다.

3. 링크는 다른 웹 사이트나 정보, 동영상, 사진, 웹 페이지로 쉽고 빠르게 이동할 수 있기 때문에 유용하다.

4. <a href="www.myfavoritewebsite.com">여기를 클릭하세요.</a>

5. D

6. href

7. <img>

8. src 속성

9. 따옴표 사이에 href 속성인 웹 주소가 없다.

10. <img src="catapalooza.jpg"></img>
<img> 요소는 빈 요소이기 때문에 닫는 태그가 필요 없다.

CSS로 스타일 다듬기

CSS

HTML은 그 자체만으로도 유용한 웹 사이트를 만들 수 있지만, 멋있는 웹 사이트를 만들기에는 충분하지 않아. **CSS(Cascading Style Sheets)**는 HTML 파일에 스타일을 적용할 때 사용하는 언어야. 색이나 크기, 배치, 배경, 서체 등 웹 사이트에 필요한 디자인 요소를 CSS로 적용하는 거지. 그리고 똑같은 웹 페이지 콘텐츠를 스마트폰이나 태블릿, 랩톱이나 데스크톱 등 서로 다른 환경에 맞춰 다른 스타일로 표시할 때도 CSS가 사용돼.

CSS는 다음 두 가지 방법으로 웹 사이트에 추가할 수 있어.

- HTML의 헤드 영역에 CSS를 직접 추가해.

- 필요한 정보를 저장한 CSS 파일을 따로 만들어. 파일이 목적에 따라 구분되니까 구조적으로 쉽게 코딩할 수 있어.

> 이 방법이 더 나아!

CSS 파일 만들기

CSS 파일을 만들 때도 HTML 파일을 만들 때 사용하는 편집기(텍스트 에디터 또는 메모장)를 그대로 사용해. CSS 파일의 이름은 별다른 제약을 받지 않지만 프로그래머들은 대부분 style.css로 지정해. 그리고 HTML 파일과 같은 위치에 저장하는 것이 일반적이야. 편리하거든.

CSS 스타일 만들기

스타일은 **선택자**와 **선언부**로 구성돼.

선택자는 HTML 파일의 특정 요소에 스타일을 지정해. < > 부분을 제외한 요소의 이름이 선택자야.

> **스타일**
> HTML 콘텐츠가 어떻게 표시될지를 가리키는 것

선언부는 겉모습을 바꿔 줘. 예를 들어 텍스트를 자주색으로 바꾸거나 이미지 주위로 테두리를 넣을 수 있지.

선택자 = 스타일을 적용할 요소
선언부 = 요소에 적용할 내 스타일

선언부 전체를 중괄호로 묶고, 개별 스타일은 들여쓰기를 해서 코드 전체를 깔끔하게 다듬어. CSS도 HTML과 마찬가지로 공백이나 들여쓰기를 모두 지워도 실행 결과가 달라지지는 않아.

예시: 다음 코드를 .css 파일로 저장하면, 웹 사이트의 <h1> 제목이 모두 파란색으로 보일 거야.

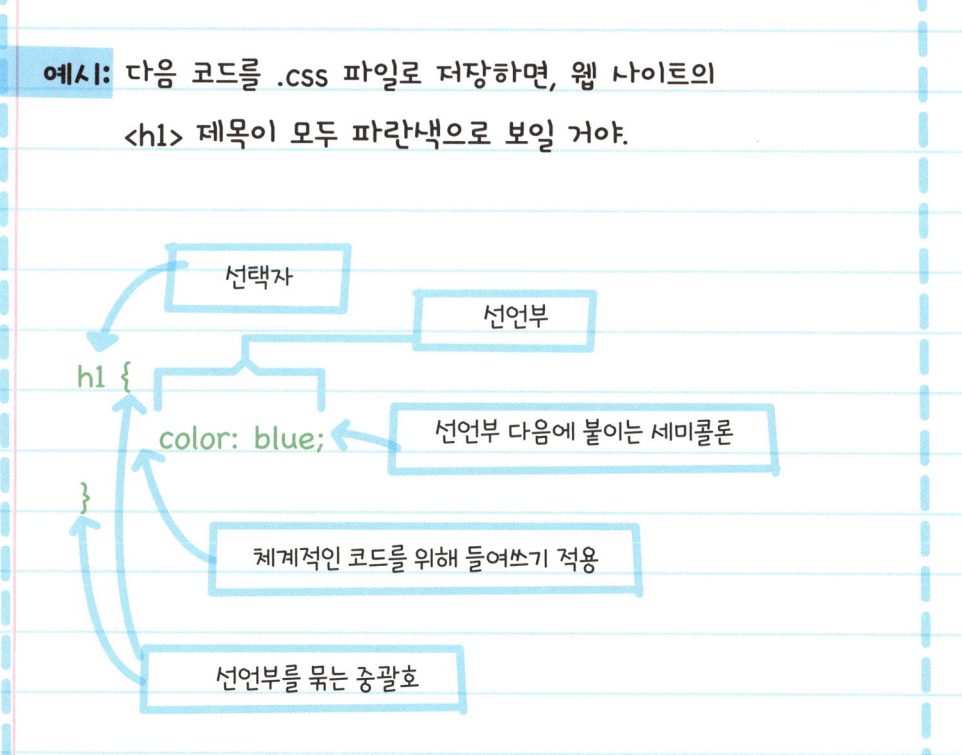

선언부에 들여쓰기를 적용하고 마지막 행에 중괄호를 두는
스타일 지정 방식은 코드를 쉽게 읽기 위해서일 뿐이야.
어떤 프로그래머는 **h1{color: blue;}** 처럼 한 행에
선언부 전체를 코딩하기도 해. 어느 경우든 컴퓨터가
읽는 코드는 같아.

CSS와 HTML 연결하기

CSS 파일로 지정한 새 스타일은 웹 사이트에 연결해야 해. 그래야 새로운 스타일이 웹 사이트에 적용되거든. CSS 파일의 스타일을 HTML에 연결하려면 HTML의 헤드 영역에 링크(<link>) 요소를 추가해야 해. <link> 요소는 네 가지 속성을 가지고 있어.

1. **rel 속성**은 'relationship'을 의미해. <link> 요소로 연결하려는 파일과 '관계' 있다는 뜻이지. 이 속성의 값이 stylesheet이면, 참고할 파일이 CSS 스타일시트라고 브라우저에 알리는 거야.

    스타일과 레이아웃 설정을 담은 템플릿

214

2. **type 속성**은 파일의 종류를 나타내. 예를 들어 text/CSS 파일이라고 지정할 수 있어.

3. **href 속성**은 CSS 파일의 이름과 위치를 나타내. CSS 파일이 HTML 파일과 같은 위치에 저장되어 있다면 파일 이름만 지정해.

다음은 링크 요소로 style.css 파일을 HTML 파일에 연결하는 형식이야.

```
<head>
    <link rel="stylesheet" type="text/css" href="style.css">
</head>
```

rel 속성

type 속성: CSS 파일이라고 지정해.

href 속성: CSS 파일의 이름을 지정해.

프로그래머들은 CSS 파일을 웹 사이트의 서버에서 HTML과 다른 폴더(대개 CSS)에 저장하기도 해. 그럴 때는 href 값을 폴더 이름과 슬래시로 구분해 지정해야 해.

폴더 이름

```
<head>
    <link rel="stylesheet" type="text/css" href="css/style.css">
</head>
```

<link> 요소는 그 안에 지정된 속성들과 함께 style.css 파일을 찾아 이 안에 정의된 스타일을 HTML 문서에 적용하라고 웹 브라우저에 알려.

CSS 파일을 HTML 파일에 연결한 후 CSS를 조금이라도 변경하면 웹 브라우저에서 '새로 고침'을 해야 수정된 스타일이 웹 페이지에 반영되어 새로 표시돼.

CSS 색 속성

스타일로 웹 페이지의 색을 바꿀 때는 세 가지 방법을 적용할 수 있어.

color는 요소 안에 지정된 텍스트의 색을 바꿔.

background는 요소가 차지하는 공간의 배경색을 바꿔. 예를 들어 <body> 요소의 배경색을 회색(grey)으로 지정하면 웹 페이지 전체가 회색으로 바뀌어. 하지만 <p> 요소의 배경색을 분홍색(pink)으로 지정하면 그 문단만 분홍색으로 바뀌지.

border-color는 테두리가 있는
요소에서 테두리의 색을 바꿔.
테두리가 없는 요소라면
아무 일도 일어나지 않아.

CSS에서 색을 나타낼 때는 다음 세 가지 방법을 생각할 수 있어.
색 이름
헥스
RGB

색 이름

색 이름은 CSS에서 사용할 수 있는 영어 이름의 색이야.
모두 147개가 있어.

색 이름은 편리한 방법이야. 일일이 외우지 않고 우리가 영어로 표현하는
색을 그대로 지정하면 되거든. 하지만 147개밖에 없어서 지정할 수
있는 색에는 한계가 있어.

> **예시:** red는 빨강을 나타내는 색 이름이야. 이름 그대로 색을
> 지정하면 돼.

색을 지정할 때는 특성과 값으로 나타내.

특성

color: red   값

색 이름 몇 가지를 예로 들어 볼까?

예시: `<h1>` 제목 요소의 텍스트를 tomato로 하려면 color 특성 값을 지정하면 돼.

```
h1 {
    color: tomato;
}
```

16진수(헥스)

16진수 또는 헥스는 1,600만 가지 색을 나타낼 수 있어. 0에서 9까지와 A에서 F까지 모두 열여섯 개 글자를 조합한 문자 여섯 개로 색을 나타내지.

CSS에서 16진수 색 코드는 모두 # 문자로 시작해. 빨간색은 ##FF0000이야. 그런데 빨간색에도 여러 종류가 있어. 같은 색이라도 색조가 다른 거지. #700000은 순수한 빨간색보다 훨씬 더 어두워.

RGB

RGB는 'Red(빨강)', 'Green(초록)', 'Blue(파랑)'의 앞 글자를 합친 용어로 색을 나타내는 세 번째 방법이야. 헥스와 같은 방식으로 색을 나타내지만, 16진수 대신 0에서 255까지 10진수로 지정한다는 점이 달라. 각각 빨강과 초록, 파랑의 색조를 나타내는 세 값은 쉼표로 구분해. 0은 색이 없다는 것을 의미하고, 255는 최대 색조를 의미해. 정리하자면, RGB로 표현된 색 코드에서 첫 번째 값은 빨강(Red)의 색조, 두 번째 값은 초록(Green)의 색조, 마지막 세 번째 값은 파랑(Blue)의 색조를 나타내.

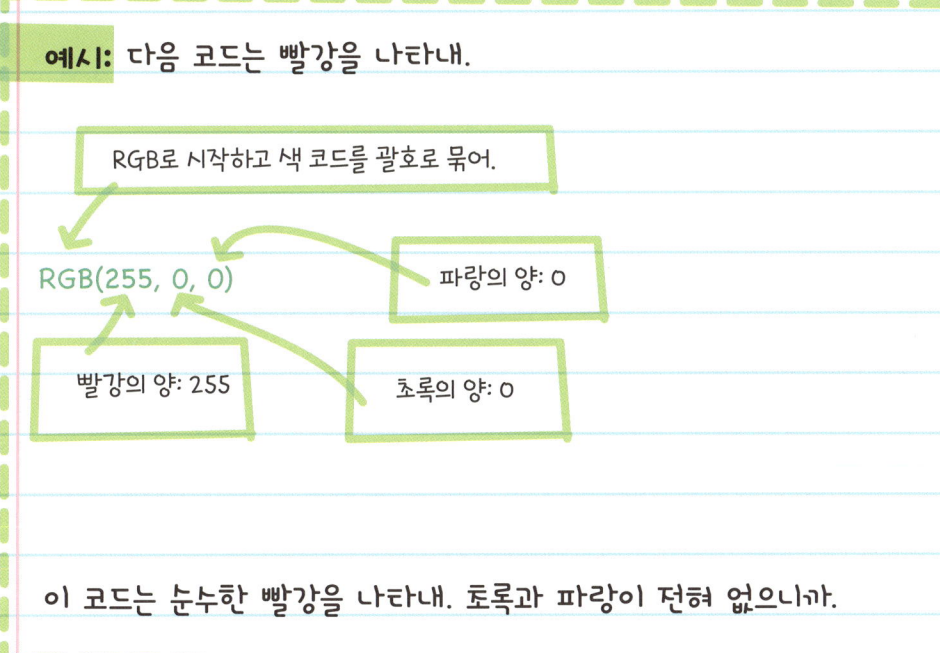

예시: 다음 코드는 빨강을 나타내.

이 코드는 순수한 빨강을 나타내. 초록과 파랑이 전혀 없으니까.

다음은 배경색을 세 가지 방식에 따라 '밝은 회색'으로 지정하는 코드야. 첫 번째는 색 이름, 두 번째는 헥스, 마지막 세 번째는 RGB 방식이지. 물론 세 가지 방식은 모두 같은 결과를 나타내.

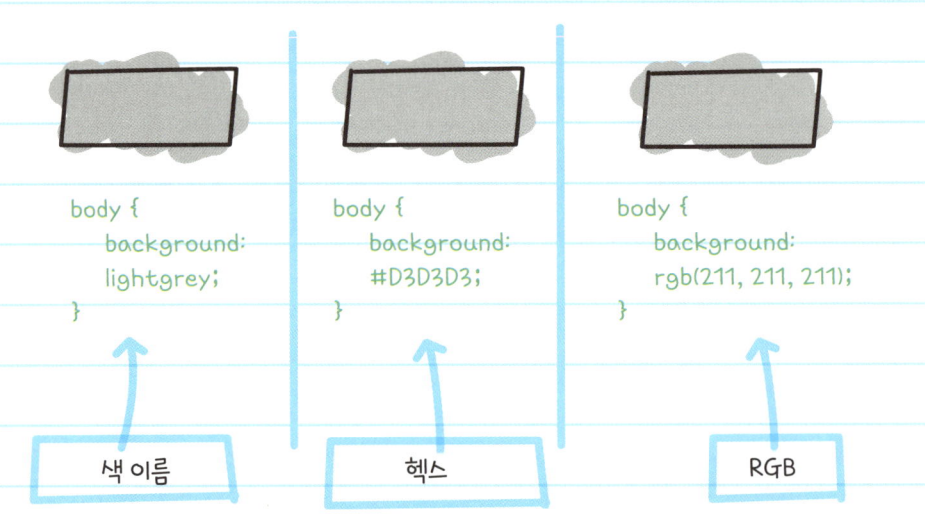

색을 나타낼 때 한 가지 방식만 고집할 필요는 없어. 색 이름이든 헥스든 RGB든 그때그때 상황에 맞춰 편한 방식을 사용하는 것이 좋아.

특정 요소 전용 특성

특성 중에는 어떤 요소에든 공통으로 적용하는 범용 특성과 달리 테이블(표) 또는 리스트 같은 일부 요소에만 적용할 수 있는 것들이 있어.

> **예시:** 순서 없는 리스트에서 글머리표 스타일을 바꿀 때는 list-style-type 특성에 다음 값 중 하나를 적용해.
>
> 이 글머리표가 기본값이야.
>
> disc ● square ■
> circle ○ none 글머리표 없이 텍스트만 표시

disc 대신 square 글머리표를 순서 없는 리스트에 적용할 때는 다음 CSS 코드를 스타일시트에 추가해. 이 코드는 <ul> 요소의 스타일 중 글머리표의 기본값을 disc에서 square로 바꿔.

```
ul {
    list-style-type: square;
}
```

프로그래머들은 대부분 HTML에 적용할 특성이나 그 값을 일일이 외우지 않아. 인터넷에서 CSS 특성과 값을 얼마든지 찾아볼 수 있고, HTML/CSS 편집기에서 자동으로 찾아 주기도 하거든.

주석

주석은 스타일을 체계적으로 구성할 때 필요해. 주석이 적용된 CSS 문서는 특히 스타일이 많을 때 특정 코드를 쉽게 찾을 수도 있어.

> CSS의 주석은 컴퓨터가 무시해.

CSS에서 주석은 **/*** 로 시작하고 ***/** 로 끝나.

예시: '제목 스타일'이라고 라벨을 붙이는 식으로 주석을 추가할 수 있어.

```
/* 제목 스타일 */    ← 주석
h1 {
    color: tomato;
}
h2 {
    color: #D3D3D3;
}
```

1. CSS는 무엇을 줄인 용어일까?

2. HTML 코드에 CSS를 사용하는 두 가지 방법은 무엇일까?

3. CSS는 언제 사용할까?

4. CSS의 주석은 _____로 시작하고 _____로 끝나.

5. 웹 사이트 전체 배경색을 보라색으로 바꾸는 CSS 코드는 무엇일까?

6. 다음 코드의 버그를 해결하려면 무엇을 추가해야 할까?

```
h1    color: grey;
}
```

7. 다음 선언부에서 특성과 값은 각각 어디일까?

color: orange;

_____   _____

8. `<hr>` 요소에서 테두리 색을 바꾸려면 필요한 특성은 무엇일까?

9. `<h1>` 요소에서 텍스트 색을 바꾸려면 필요한 특성은 무엇일까?

정답

1. Cascading Style Sheets

2. CSS는 HTML 파일에 직접 추가할 수도 있고, 별도의 CSS 파일을 만들어 HTML 파일에 연결할 수도 있다.

3. 웹 사이트의 색이나 크기, 서체 등 디자인 관련 스타일을 적용할 때

4. /*, */

5.
```
body {
    background: violet;
}
```

6. 여는 중괄호가 필요하다.
```
h1{
    color: grey;
}
```

7. color: orange;
   ↓   ↓
   특성   값

8. border—color

9. color

CSS로 개별 요소의 스타일 다듬기

요소 식별하기

id 선택자는 이름표와 비슷해. 요소가 무엇인지 파악한 후에 CSS 스타일 적용 여부를 결정해. 말하자면 이런 식이지. '이 스타일은 이런 id가 붙은 요소에만 적용해.'

id 속성은 CSS와 HTML 문서 모두에 추가해야 해.

CSS의 id 선택자

HTML 파일에서 특정 요소에 CSS 스타일을 적용할 때 id 선택자를 추가할 수 있어. 단, p처럼 요소 이름을 사용하지 않고 # 기호와 id 이름을 지정해. id 이름은 원하는 대로 지정해도 되지만 공백은 허용되지 않아. id 선택자를 introduction으로 지정해 볼게. 이 선택자에는 다음처럼 서체의 크기를 18<mark>픽셀</mark>로 적용하는 코드를 지정해.

```
#introduction {
    font-size: 18px;
}
```

> **px**는 픽셀(pixel)을 나타내. 서체의 크기를 표현하는 방법 중 하나지. 웹 사이트에서 서체의 표준 크기는 16px이야. 마이크로소프트 워드에서 12포인트와 같은 크기야.

픽셀(px)은 화면에서 가장 작은 점이야. 화면을 뚫어져라 쳐다보면
아주 작은 점들이 보여(실제로는 그러지 마).
각각이 픽셀이지. 이 점들이 모여
이미지가 되는 거야.

HTML의 id 속성

태그에 속성을 추가하면 요소의 세부
정보를 브라우저에 알릴 수 있어.
id 속성은 어떤 요소에 스타일을 적용할지 찾아 주는(식별하는) 역할을 해.
적용할 스타일은 CSS 코드로 별개의 CSS 파일에 지정되어 있지.
웹 페이지에서 <p> 요소를 찾아(식별해) introduction이라는
id 속성을 적용한다면 다음처럼 코딩할 수 있어.

이 코드를 여는 <p> 태그에 추가해.

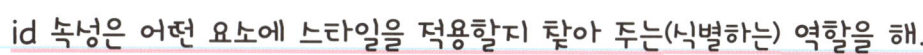

```
<p id="introduction">오, 헬로우!</p>
```

추가된 id 속성에 따라 이 <p> 요소는 CSS에 지정된 #introduction
스타일이 적용돼. 결국 '오, 헬로우!'의 서체 크기가 18px로 설정되어
웹 페이지에 표시되는 거지.

CLASS(클래스) 선택자

CLASS 선택자는 요소들의 스타일을 한꺼번에 지정할 때 사용해. class 선택자가 지정한 요소에만 같은 스타일이 적용되는 거지. class 선택자는 CSS와 HTML 문서 모두에 추가해야 해. 예를 들어 세 개의 문단 중에서 두 개의 문단에만 텍스트 색을 파란색으로 지정할 때 class 선택자를 사용할 수 있어.

CSS의 class 선택자

CSS 스타일에 사용할 class 선택자를 추가하려면 점(.)과 클래스 이름을 입력해. class 이름은 원하는 대로 지정해도 되지만, 공백은 허용되지 않아. overview라는 이름으로 class 선택자를 만들고 텍스트가 파란색인 스타일을 지정해 볼게.

```
.overview {
    color: blue;
}
```

HTML의 class 속성

'class='와 class 이름을 지정해서 특정 <p> 요소에만 class 속성을 추가할 수 있어.

예시: overview라는 class로 두 개의 <p> 요소에만 스타일을 적용해 볼게.

이 코드를 여는 <p> 태그에 추가해.

```
<p class="overview">오, 헬로우!</p>
<p class="overview">하우 아 유?</p>
<p>아임 파인, 땡큐. 앤드 유?</p>
```

이 두 문단은 웹 페이지에서 파란색 텍스트로 표시돼.

class는 여러 요소에 지정할 수 있어. 이때 요소들이 같은 종류가 아니어도 상관없어. 다음은 앞의 class를 제목에 지정해 파란색으로 바꾸는 예야.

> class 속성과 그 값인 overview를 추가해.

`<h1 class="overview">`렛 미 인트로듀스 마이셀프 투 유.`</h1>`

> **중요:** id나 class를 지정할 때는 철자나 대소문자 구분에 특히 유의해야 해. HTML 파일과 CSS 파일에 같은 이름의 속성과 선택자가 지정되어야 하는데, 철자나 대소문자가 서로 다르면 스타일이 올바로 적용되지 않아. 의도한 대로 텍스트가 표시되지 않을 때는 우선 id나 class의 이름이 서로 똑같이 지정되었는지부터 살펴봐야 해.

너비와 높이

CSS 특성 중에서 각각 너비와 높이를 나타내는 **width**와 **height**는 이미지나 리스트, 문단 등의 크기를 조절할 때 사용해.
이미지 크기를 조절할 때는 너비만 지정하면 높이는 이미지의 비율에 따라 자동으로 맞춰져.

> 이미지의 너비나 높이를 나타낼 때는 일반적으로 px 단위가 사용돼.

예시: 너비가 100px이고 높이가 200px인 이미지에서 너비를 200px로 지정하면 높이는 자동으로 400px가 돼. 원래 너비와 높이의 비율이 1:2였으니까 말이야.

웹 사이트에서 이미지의 너비를 175px로 설정하려면 다음처럼 CSS 파일에 코드를 추가해.

```
img {
    width: 175px;
}
```

이미지 크기는 이미지가 표시되는 요소 블록 크기에 비례해서 퍼센트 단위로 조절할 수도 있어.

예시: 웹 사이트에서 이미지를 원래 이미지의 50%로 줄일 때, 이미지 블록 크기를 반으로 줄여(50%) 나타낼 수도 있어.

```
img {
    width: 50%;
}
```

테두리와 바깥 여백, 안 여백

이미지 주위로 여백을 지정할 때도 CSS를 사용해.

border는 이미지나 문단, 제목, 리스트 등을 비롯해 모든 요소에 유색 프레임(틀)을 추가해.

margin과 **padding**은 요소 주위로 빈 공간을 추가해. '마진'은 테두리와 나머지 웹 페이지 사이의 공간(바깥 여백)을 가리키고, '패딩'은 요소의 콘텐트와 테두리 사이의 공간(안 여백)을 가리켜.

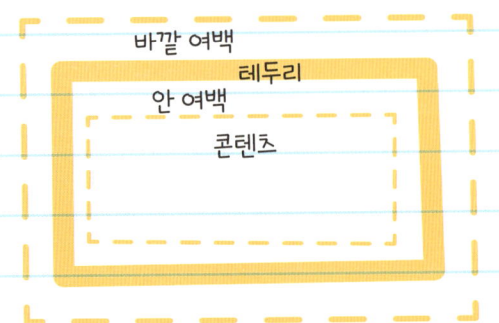

<img> 요소에 바깥 여백을 추가할 때는 CSS에서 margin 특성을 지정해.

예시: 이미지에 바깥 여백을 10px만큼 설정할 때는 margin 특성 값을 10px로 지정해.

HTML 문서에서 이미지를 전부 선택해.

```
img {
    margin: 10px;
}
```

바깥 여백을 설정해.

---

border 같은 일부 특성은 <u>하나의 선언부에서 여러 값을 지정할 수 있다는</u> 점에서 특별해.

'6px의 주황색 실선'을 테두리로 설정하려면 다음처럼 두께와 선의 종류, 색을 차례로 지정해.

```
img {
    border: 6px solid orange;
}
```

선언부 끝에는 세미콜론을 추가해.

바깥 여백과 테두리, 안 여백, 너비와 높이를 이미지에 한꺼번에 설정하겠다면 하나의 img 선택자를 두고 그 안에 각 선언부를 행마다 줄지어 지정할 수 있어.

```
img {
    margin: 10px;
    border: 6px solid orange;
    padding: 20px;
    width: 50%;
}
```

이 스타일은 모든 이미지(<img> 요소)를 10px 바깥 여백, 주황색 실선 테두리, 20px 안 여백, 브라우저 창의 절반(50%) 크기로 설정해.

> 선언부는 **img {margin: 10px; border: 6px solid orange; padding: 20px; width: 50%;}** 처럼 한 행으로 입력할 수도 있어. 하지만 들여쓰기를 하고 행을 나누면 프로그래머가 코드를 쉽게 읽을 수 있을 거야.

1. CSS에서 id 선택자와 class 선택자의 다른 점은 무엇일까?

2. px는 _____의 줄임말이야.

3. CSS의 id 선택자는 반드시 _____ 기호로 시작해야 해.

4. CSS에서 class 선택자는 class 이름 앞에 _____이(가) 있어야 해.

5. 이미지의 크기를 바꾸려면 어떤 CSS 특성이 필요할까?

6. 요소의 콘텐트와 테두리 사이에 여백을 설정하는 건 margin일까, padding일까?

7번 퀴즈는 다음 페이지에 있어.

7. 다음 표를 참고해 A~D를 해결해 보자.

A. '행운을 빕니다!'라는 텍스트 콘텐트가 담긴 <p> 요소를 '토마토 빨강'으로 표시하기 위해 추가해야 할 코드, 파일 위치를 써 보자.

B. '2px 회색 실선' 테두리를 <h1> 제목 요소와 두 번째 리스트 요소에 넣기 위해 추가해야 할 코드, 파일 위치를 써 보자.

C. 리스트 항목의 서체 크기를 24px에서 16px로 수정하기 위해 추가해야 할 코드, 파일 위치를 써 보자.

D. 모든 리스트 항목을 회색으로 표시하기 위해 추가해야 할 코드, 파일 위치를 써 보자.

HTML 파일: 'index.html'	CSS 파일: 'style.css'

`<!DOCTYPE html>`
 	
`<html>`
`<head>`
`  <title>테스트 페이지</title>`
`  <link rel="stylesheet" type="text/css" href="style.css">`
`</head>`
`<body>`
`<h1>테스트를 하겠습니다.</h1>`
`<p>꼭 기억하세요.</p>`
`<ul>`
`    <li>짜증 내지 마세요.</li>`
`    <li>평상심으로 테스트에 임하세요.</li>`
`    <li>최선을 다하세요!</li>`
`</ul>`
`<p>행운을 빕니다!</p>`
`</body>`
`</html>`
	`#redText {`
	`    color: tomato;`
	`}`
	`li {`
	`    font-size: 24px;`
	`}`
	`.border {`
	`    border: 2px solid grey;`
	`}`

정답

1. id 선택자는 id에 해당하는 하나의 요소를 선택하는 반면, class 선택자는 하나의 클래스로 여러 요소를 선택한다.

2. pixel

3. #

4. 점(.)

5. width와 height

6. padding

7. A. HTML 파일에서 마지막 <p> 요소에 id="redText"를 추가한다.
   `<p id="redText">행운을 빕니다!</p>`

B. HTML 파일에서 <h1> 요소와 두 번째 <li> 요소에 class="border"를 추가한다.

```
<body>
<h1 class="border">테스트를 하겠습니다.</h1>
<p>꼭 기억하세요.</p>
<ul>
    <li>짜증 내지 마세요.</li>
    <li class="border">평상심으로 테스트에 임하세요.</li>
    <li>최선을 다하세요!</li>
</ul>
<p>행운을 빕니다!</p>
</body>
```

C. CSS 파일의 li 선택자 스타일에서 "font-size: 24px;" 선언부를 "font-size: 16px;"로 수정한다.

```
li {
    font-size: 16px;
}
```

D. 새 선언부를 CSS 파일의 li 선택자 스타일에 추가한다.

```
li {
    font-size: 16px;
    color: grey;
}
```

찾아보기

.HTML 확장명 176~177
.PY 확장명 13
<BODY> 요소 180~181
<HEAD> 요소 180~181
<HTML> 요소 180
2단계 인증 160
404 Not Found 149
16진수(헥스) 218
and 구문 103~106
append 함수 65, 68
background 216
border-color 217
capitalize 함수 45
class 선택자 230~232
convert 함수 130~131
CSS(Cascading Style Sheets) 175~176, 211~222, 227~236
CSS로 스타일 다듬기 211~222
CSS의 색 속성 216~220
CSS의 색 이름 217~218
DNS 서버 150~151
elif 구문 101~102
else 구문 100~101
for 루프 77~84
float 함수 53
for 루프의 형식 77~84
href 속성 204~205, 215
HTML 코드 175~180
HTML 텍스트 요소 190~198
HTML 파일 148, 214~216
HTML(HyperText Markup Language) 148, 175~184
HTML의 형식 182~184
HTTPS(HyperText Transfer Protocol Secure) 149
id 선택자 227~229

IDLE(Integrated Development and Learning Environment) 11
input 함수 42~43
insert 함수 65~66, 68
int 함수 52
IP 주소 145~146, 151
IP(인터넷 프로토콜) 145
len 함수 67~68
lower 함수 45
margin 234~236
NEXUS 144
not 구문 103~107
or 구문 103~106
padding 234~236
PHP 176
print 함수 14~15, 32~35, 63~64
range 함수 78~79
rel 속성 214
remove 함수 66, 68
reverse 함수 66~68
RGB 방식 219~220
sort 함수 66, 68
리스트 정렬하기 66~67
src 속성 205~207
start 매개변수 79
step 매개변수 79
stop 매개변수 79
swapcase 함수 45
TCP(Transmission Control Protocol) 152~153
type 속성 215
UDP(User Datagram Protocol) 154
upper 함수 45
URL(Uniform Resource Locator) 150
while 루프 89~93

• ㄱ •
가로줄 192~194
값 23, 54, 130~133
값 대입하기 23
계산 49~50
공격 165~170
관습상 이름 27~28
괄호 56~57
광역 통신망(Wide Area Network) 141
구문(syntax) 14
근거리 통신망(Local Area Network) 141
기호 12, 16, 31~34, 36~37, 55~57, 68, 72, 184, 218

• ㄴ •
내주는 값 130~133
논리 연산자 103~107

• ㄷ •
데이터 22~23
들여쓰기 79
디도스(DDoS) 170
따옴표 16, 31~34, 36~37

ㄹ

라이브러리 119
랜섬웨어 167
루프 77~84, 89~93
리스트 23, 61~70, 83~84, 196~198
리스트 더하기 67
리스트 요소 196~198
리스트 항목 요소 196~197
링크 요소 201~207

ㅁ

매개변수 79, 128~133
매개변수의 값 14
맥(MAC, Media Access Control) 145
모듈 119~120
무선 141~143
무한 루프 91~92
문단 요소 191~192
문자열 23~24, 31~45
문자열 더하기 40~41
문자열 연산자 40~45
문자열 함수 43~45
문자열의 형식 36~38

ㅂ

바이러스 158, 168
변수 22~28, 49~50, 77~82
변수 이름의 형식 27~28
복합 조건문 103~107
복호화 162~164
봄브 164
부동소수점수 52~53
불리언 값/수식 23, 70~73, 99, 103~107
브루트 포스 공격 165~166
블랙햇 해커 165
비교 연산자 72~73
빈 요소 195

ㅅ

사이버 보안 158~170
사회공학 169~170
상태 코드(404 Not Found 코드) 149
새 행 38
샌드박스 161
서버 148
선언부 212~214
선택자 227~228, 230~231
세 글자 게임 107~110
셸 창 11~12
소문자와 밑줄 27
소셜 미디어 앱 169~170
속성 204~207, 216~222, 231~232
수 23, 50~53
수 타입 50~53
수식 54~55
수식 출력하기 57

수의 변환 53
순서 리스트 198
순서 리스트 요소 198
순서도 102, 107~108
스타일 212~214
스파이웨어 167
식별자 23

ㅇ

악성 프로그램(맬웨어) 167
안쪽 리스트 68~70
암호 162~164
암호 검사기 90~91, 93
암호 기술 161~164
암호를 푼다는 것 163
암호화 162~164
앨런 튜링 164
앵커 요소 203~205
언어 176
에니그마 164
에디터 창 11, 13
여러 행으로 텍스트 출력하기 34
연산 순위 56~57
연산자 39~45, 67, 103~107
와이파이 143
요소 178~181, 190~198, 201~207, 227~236
요소 식별하기 227~229
요소의 너비 232~234
요소의 높이 232~234
월드 와이드 웹 144~145, 147~149
웜 168
웹 브라우저 177~178
웹 사이트 147~152, 175~177, 180~181

웹 페이지 만들기 175~184
율리우스 카이사르 163
이더넷 141~142
이동 메뉴 203
이미지 요소 205~207
이스케이프 36~38
인덱스 62
인증 159~160
인증받은 사람 158
인터넷 140~154
인터넷 서비스 제공자 146

ㅋ

카운터 변수 77~82
카운트다운 82
카이사르 암호 163~164
캐멀 케이스(혼합 케이스) 28
컴퓨터 네트워크 140~143
코드 14~15, 175~180
콘텐츠 178
큰따옴표 31, 37
키(key) 162

파일 저장하기 13
패킷 145, 152
펨다스(PEMDAS) 56
프러시저 119
프로토콜 141~142
피싱 169~170
픽셀(pixel, px) 122, 228~229
핀 번호(PIN, Personal Identification Number) 166

ㅌ

태그 178~180, 182~183, 190~192
터틀 그래픽 119~125
터틀 움직이기 120~124
테두리 234~236
텍스트 에디터 176
트로이목마 167
팀 버너스-리 144

ㅎ

하이퍼링크 201~202
하이퍼텍스트 마크업 언어 (HTML) 144, 175
함수 11, 14~15, 32~35, 42~45, 52~53, 63~68, 78~84, 119~133
함수 정의하기 126
함수 호출하기 15, 126~128
함수의 몸체 127
해커 164~165
핵티비스트 165
행 바꿈 192~194
형식 지정 요소 191~192
호스트 148
혼합 케이스(캐멀 케이스) 28
화상 회의 서비스 154
화이트햇 해커 165
확장명 13, 176~177

ㅈ

자바스크립트 176
작은따옴표 36~37
접근 제어 160
정보 145~150
정보 전송하기 145~146
정수 50~52
제목 요소 190~191
조건문 89~93, 99~110
주석 15~16, 184, 222
중첩 루프 93
중첩 조건문 107~110
진리표 106~107

ㅍ

파스칼 케이스 28
파이썬 10~17, 22~28, 31~45, 49~57, 61~73, 77~84, 89~93, 99~110, 119~133
파이썬 변수에 이름 붙이기 24~26
파이썬에서 구조화하기 15~16
파이썬의 자동 색 지정 17
파이썬의 키워드 25
파이썬의 프롬프트 12

ㅊ

출력 12, 130~133

옮김 배장열

교육용 앱과 새로운 형식의 전자책을 개발하는 iOS, 안드로이드 개발자입니다. 그간 쌓은 강의와 개발 경험을 토대로 독자들에게 좋은 책을 소개하는 일에도 노력을 다하고 있습니다. 옮긴 책으로는 『초등 놀이 코딩』, 『코딩 어드벤처 1~4』, 『20 코딩 게임 with 스크래치』, 『마인크래프트로 배우는 파이썬 프로그래밍』 등이 있습니다. 『코딩천재의 비법노트』에 대해 궁금하신 점은 justdoit709@gmail.com으로 보내 주시기 바랍니다.

코딩천재의 비법노트: 3단계 - 파이썬·HTML과 CSS

초판 1쇄 펴낸날 2021년 12월 20일
초판 2쇄 펴낸날 2022년 7월 18일

글	브레인 퀘스트
옮김	배장열
펴낸이	홍지연
편집	홍소연 고영완 전희선 조어진 서경민
디자인	전나리 박해연
마케팅	강점원 최은 이희연
경영지원	정상희

펴낸곳 (주)우리학교
출판등록 제313-2009-26호(2009년 1월 5일)
주소 03992 서울시 마포구 동교로23길 32 2층
전화 02-6012-6094
팩스 02-6012-6092
홈페이지 www.woorischool.co.kr
이메일 woorischool@naver.com

ISBN 979-11-6755-030-9(73400)

• 책값은 뒤표지에 적혀 있습니다.
• 잘못된 책은 구입한 곳에서 바꾸어 드립니다.